Name:

# Pferde und Ponys

# Pferde und Ponys

Ravensburger Buchverlag

# Inhalt

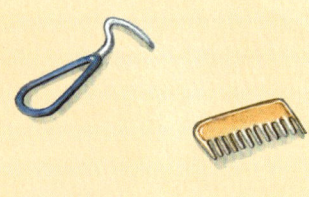

# Zu diesem Buch

**Knack den Code!**
- Die Fragen sind durchnummeriert, diese Nummern finden sich auf der Schatzkarte auf Seite 72 wieder
- Die Lösungsbuchstaben werden auf der Schatzkarte eingetragen
- Die Auflösung findest du auf Seite 80

(34)

## Pferdetypen und Rassen

**Knack den Code!**
5. Wo misst man die Größe beim Pferd?
(3. Buchstabe)

Die verschiedenen Pferde- und Ponyrassen sind im Laufe der Zeit durch natürliche Auswahl und durch Züchtung entstanden.

### Große Vielfalt
Die Pferde und Ponys unterscheiden sich in Größe, Gewicht, Kraft und Temperament sowie im Charakter. Leichtgewichte sind die Shetland-Ponys mit etwa 190 Kilogramm, während ein großes Kaltblut bis zu 1200 Kilogramm wiegt.

### Vier Hauptgruppen
Zur besseren Übersicht teilt man die Pferderassen in vier Hauptgruppen ein: Vollblüter, Warmblüter und Kaltblüter und die Gruppe der Ponys und Kleinpferde. Diese Einteilung erfolgte nach Körperbau und Tem-perament und hat nichts mit der Temperatur des Blutes zu tun! Kreuzt man die Gruppen, entstehen soge-nannte Halbblüter.

### Verschiedene Pferdetypen
Vollblüter sind schnelle, elegante Pferde. Bekannte Rassen sind Vollblutaraber und Englische Vollblutpferde. Durch Mischung verschiedener Rassen entstanden Warmblüter, wie Hannoveraner, Holsteiner und Trakehner. Als Kaltblüter bezeichnet man schwere, große, leistungsstarke Arbeitspferde wie Ardenner und Belgier. Ponys und Kleinpferde sind beliebte Reitpferde bei Kindern und Jugendlichen. Bekannte Rassen sind Haflinger, Shetland-Ponys und Island-Ponys.

**Bei den Großpferden unterscheidet man kräftige Kaltblüter, mittelschwere Warmblüter und schnelle Vollblüter.**

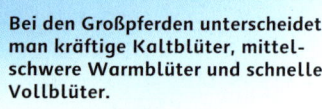

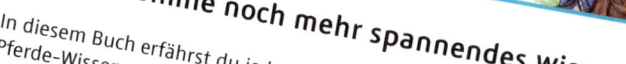

## Entdecke online noch mehr spannendes Wissen!

In diesem Buch erfährst du jede Menge über Pferde. Noch mehr Pferde-Wissen und weitere spannende Themen findest du im TOGGO-CleverClub Online-Lexikon. Jetzt kannst du einen Monat lang kostenlos neues Wissen entdecken, zum Beispiel zu den Themen Tiere, Ritter, Wetter, Fußball und Dinos.

Meld dich einfach unter www.toggo-cleverclub.de an mit dem **PASSWORT: CLVRPFRD**

Übrigens: Im TOGGO-CleverClub gibt es außerdem über 100 monatlich wechselnde Lernspiele mit deinen TOGGO Stars.

Viel Spaß mit dem TOGGO-CleverClub!

www.toggo-cleverclub.de

**Vollblüter**
▶ Stockmaß:
145 bis 170 cm
▶ Temperament:
lebhaft, schnell
▶ Verwendung:
Galopprennen

**Warmblüter**
▶ Stockmaß:
162 bis 175 cm
▶ Temperament:
eher lebhaft, viel-
seitig einsetzbar
▶ Verwendung: Dres-
sur, Springreiten

**Kaltblüter**
▶ Stockmaß:
155 bis 195 cm
▶ Temperament:
ruhig, gelassen
▶ Verwendung:
Arbeitspferde

**Ponys und
Kleinpferde**
▶ Stockmaß:
70 bis 147,3 cm
▶ Temperament:
freundlich, robust
▶ Verwendung: Reit-
und Zugpferde

Du entscheidest selbst:
• Wer reitet mit
Zylinder auf dem
Kopf? ➡ Seite 54/55
• Welche Wildpferde
leben heute noch?
➡ Seite 44/45

Bei Ponys und Klein-
pferden sind die
Haflinger besonders
verbreitet.

**Lies mal weiter!**
Seite 22, 38, 66

**Du entscheidest
selbst!**
• Was interessiert
dich am meisten?
• Auf welcher Seite
willst du weiter-
lesen?

• Verweis auf weiter-
führende Seiten im
Buch

# Pferde früher und heute

Die ersten Vorfahren der Pferde lebten vor etwa 50 Millionen Jahren. Aus ihnen entwickelten sich im Laufe der Zeit Wildpferde und ihre Verwandten, die Esel und Zebras. Vor etwa 6000 Jahren fingen die Menschen zum ersten Mal Pferde und Esel ein und zähmten sie. Sie erkannten schnell, wie hilfreich diese Tiere bei vielen Arbeiten waren. Noch heute übernehmen Pferde und Esel nützliche Aufgaben.

# Urahnen der Pferde

**Kaum zu glauben**

Die ersten Pferde waren nur so groß wie Füchse!

Die Geschichte des Pferdes begann vor vielen Millionen Jahren, als es noch keine Menschen gab.

## Das Urpferd

Forscher haben Versteinerungen (Fossilien) von Urpferden gefunden und daraus ableiten können, wie die Urahnen unserer Pferde ausgesehen haben. Sie fanden heraus, dass das Urpferd Eohippus vor etwa 50 Millionen Jahren gelebt hat. Seine Heimat waren Wälder in Nordamerika und Westeuropa. Es ernährte sich von Laub und wurde nicht größer als ein Fuchs. Wenn sich Feinde näherten, versteckte es sich im Unterholz.

## Große Veränderungen

Im Laufe von Jahrmillionen änderte sich das Klima – es wurde trockener und Steppen breiteten sich aus. Die Urpferde mussten sich umstellen: Es gab kaum noch Wälder zum Verstecken. Deswegen war es für sie lebenswichtig, schnell fliehen zu können. Sie liefen nun auf den Zehen und nicht mehr auf dem ganzen Fuß. Die nächste Pferdeart, die sich entwickelte, war der etwas größere Mesohippus. Seine Nachkommen waren Merychippus und schließlich Pliohippus, der unserem Pferd schon sehr ähnlich sah.

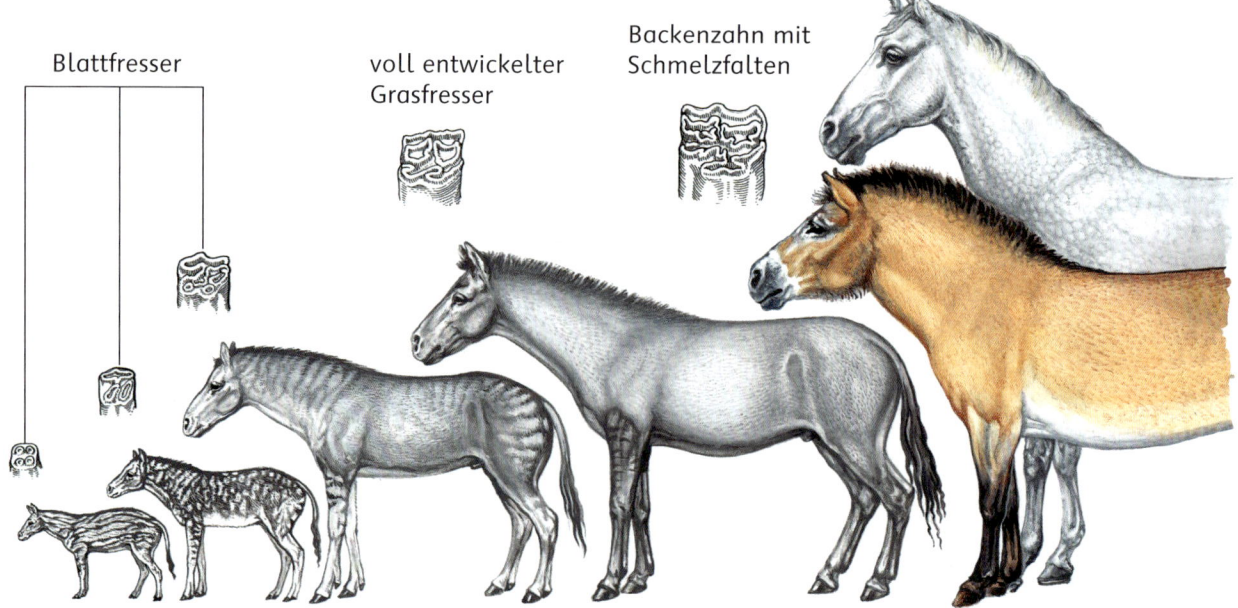

Blattfresser

voll entwickelter Grasfresser

Backenzahn mit Schmelzfalten

**Eohippus**
vor 50 Mio. Jahren
Vorderfuß mit
4 Zehen

**Mesophippus**
vor 25 Mio. Jahren
3 Zehen, kräftigere
Mittelzehe

**Merychippus**
vor 12 Mio. Jahren
3 Zehen, Mittelzehe
wird größer

**Pliohippus**
vor 3 Mio. Jahren
kräftige Mittelzehe
mit Hornschicht,
andere Zehen ver-
kümmert

**Equus**
neuzeitliche
Pferde

## Nur einer überlebt

Von den Vorfahren unserer Pferde setzte sich die Art durch, die am besten an ihre Umwelt angepasst war: Das war Pliohippus. Er hatte etwa den Körperbau unseres modernen Pferdes und wurde bis 120 cm groß. Und er war das erste Pferd mit nur einer Zehe.

Du entscheidest selbst:
• Wie sollte ein Stall aussehen?
➡ Seite 44/45
• Gibt es Pferde-Zwillinge?
➡ Seite 24/25

Heute haben wir einen Ausflug nach Montignac zu einer Höhle mit Steinzeitmalereien gemacht. Die echte Höhle darf man nicht besichtigen, weil sonst die uralten Bilder an den Wänden zerstört werden. Aber die Forscher haben die Höhle genau nachbauen lassen. Das ist super! Da kann man tolle Bilder von Urpferden sehen. Eines davon steht auf dem Kopf. Das ist für alle ein großes Rätsel. Vier Jugendliche haben die Höhle 1940 entdeckt. Ich will auch mal eine Höhle entdecken!

Die Höhlenmalereien in Lascaux sind ungefähr 16000 Jahre alt.

Lies mal weiter!
Seite 14, 16, 32, 48

# Ur- und Wildpferde

Die meisten Urpferde sind ausgestorben. Aber einige ihrer Nachkommen leben heute noch: die Wildpferde.

## Die große Wanderung

Vor ein bis zwei Millionen Jahren kam Pliohippus, der Vorläufer unserer Pferde, von Nordamerika nach Asien. Damals waren diese Kontinente noch durch eine Landbrücke miteinander verbunden, die später verschwand. Im Laufe der Zeit breiteten sich die Urpferde auch in Europa und Afrika aus. In Europa und Asien überlebten sie, in Amerika starben sie dagegen vor etwa 10 000 Jahren aus unbekannten Gründen aus.

**Steppentarpan**
- Größe: etwa 115 bis 125 cm
- Körperbau: feinknochig, kleiner Kopf
- Farbe: grau, dunkler Strich auf dem Rücken
- lebte in Osteuropa

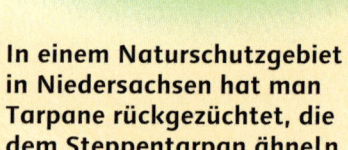

**In einem Naturschutzgebiet in Niedersachsen hat man Tarpane rückgezüchtet, die dem Steppentarpan ähneln.**

## Verschiedene Wildpferde

Aus dem Urpferd entwickelten sich vor über einer Million Jahren Wildpferde, Esel und Zebras. Wissenschaftler bezeichnen alle Nachkommen des Urpferdes mit dem lateinischen Wort „Equus". Unser modernes Pferd heißt bei Experten „Equus caballus". Unser heutiges Pferd stammt von drei Wildpferden ab: dem Wald- und dem Steppentarpan, die ausgestorben sind, und dem Przewalski-Pferd, das es heute noch gibt. Der Waldtarpan war in den Sumpfgebieten in Nordeuropa zu Hause, der Steppentarpan in den Steppen Osteuropas, das Przewalski-Pferd vor allem in Zentralasien.

**Der Waldtarpan lebte in den sumpfigen Wäldern Nordeuropas und starb Ende des 18. Jahrhunderts aus.**

# Przewalski-Pferde wieder in China!

Im September 2005 wurden sechs Przewalski-Hengste aus dem Kölner Zoo wieder in China angesiedelt. Einige Monate später folgte eine Gruppe Stuten. Die neue Heimat der Pferde ist das Kalamei-li-Reservat im Nordwesten Xinjiangs, das zur Wüste Gobi gehört. Dort finden sie ideale Lebensbedingungen vor. Allerdings müssen sich die Zootiere erst wieder an das Leben in der Natur gewöhnen. In den nächsten Jahren sollen noch mehr Pferde dort eine neue Heimat finden. Weltweit gibt es heute etwa 2000 Przewalski-Pferde, die meisten davon leben in Zoos.

**Knack den Code!**
1. Welche Art Mähne hat das Przewalski-Pferd?
(3. Buchstabe)

## Das Przewalski-Pferd

Das Przewalski-Pferd hat als einziges echtes Wildpferd bis heute überlebt. Seinen Namen verdankt es dem General Przewalski, der 1879 letzte Exemplare in der heutigen Mongolei entdeckte. Man brachte die Wildpferde damals in Zoos. So wurden die Bestände vor dem Aussterben bewahrt. Heute wildert man sie teilweise wieder aus. Przewalski-Pferde haben ein hellbraunes Fell. Beine, Mähne und Schweif sind schwarz. Typisch ist die Stehmähne und der dunkle Strich, der sich über den Rücken zieht. Man nennt ihn Aalstrich.

Zwei spielende Przewalski-Pferde

Das Przewalski-Pferd hat eine harte, kurze Stehmähne.

**Przewalski-Pferd**
▶ Größe: etwa 132 cm
▶ Körperbau: gedrungen, großer Kopf
▶ Farbe: hellbraun/schwarz
▶ dunkler Aalstrich auf dem Rücken

**Lies mal weiter!**
Seite 30, 40, 66

# Das Pferd als Arbeitstier

**Kaum zu glauben**

Schon die Ägypter spannten Pferde vor ihre Wagen.

Vor etwa 6000 Jahren begannen die Menschen, Pferde zu zähmen. Außer als Lieferanten von Milch und Fleisch wurden sie als Reit- und Lasttiere genutzt. Aber erst um 3000 vor Christus erfand man Sattel und Zaumzeug.

## Einsatz in Kriegen

In der Antike zogen Pferde die Streitwagen der Heerführer. Ab etwa 1000 vor Christus ritten Soldaten zu Pferd in den Krieg, da sie so schneller und wendiger waren. Im Mittelalter traten Ritter in voller Rüstung hoch zu Pferd in Turnieren gegeneinander an.

## Vor den Wagen gespannt

Im Mittelalter setzten die Menschen Pferde verstärkt zur Arbeit auf den Feldern ein. Sie erfanden das Kummet, einen steifen, gepolsterten Ring. Mit diesem Geschirr konnten Pferde einen Pflug ziehen. Und ab 1600 wurden Pferde vor die ersten Postkutschen gespannt.

## Wieder zurück

Seit dem Aussterben der Urpferde gab es in Amerika keine Pferde mehr. Erst die spanischen Eroberer brachten sie im 16. Jahrhundert wieder mit. Die Indianer wurden geschickte Reiter und konnten so leichter Bisons jagen. Auch die Siedler aus Europa, die in dieser Zeit nach Amerika kamen und Farmen (Bauernhöfe) bauten, nutzten Reitpferde: Mit ihnen hüteten Cowboys – Rinderhirten – ihre riesigen Herden. In der Mitte des 19. Jahrhunderts beförderten Ponys die Post der Siedler.

Bis zum Ende des 19. Jahrhunderts waren Kutschen ein wichtiges Reise- und Transportmittel.

## Knack den Code!

2. Wie nennt man in Amerika Bauernhöfe?
(1. Buchstabe)

## Hartes Los

Auch in Europa mussten Pferde früher schwer arbeiten: In England wurden sie als Gruben-Ponys in Bergwerken eingesetzt. Und in den immer größer werdenden Städten zogen sie Pferdebahnen, Vorläufer unserer Straßenbahnen. Erst ab etwa Mitte des 19. Jahrhunderts verdrängten Maschinen die Pferde als Arbeitstiere.

**Die Ritter im Mittelalter brauchten starke Pferde, denn ihre Waffen und Rüstungen wogen bis zu 130 kg.**

**Zum Fangen der Rinder benutzten die Cowboys ein Lasso.**

**Die ersten Straßenbahnen wurden im 19. Jahrhundert von Pferden gezogen.**

**Lies mal weiter!**
Seite 52, 58, 70

# Nutzung des Pferdes heute

Bei Volksfesten ziehen Pferde die schweren Wagen der Bierbrauereien.

Heute werden Pferde weniger für harte Arbeiten, sondern eher für besondere Aufgaben eingesetzt.

## Bei Polizei und Militär

So gibt es heute fast überall auf der Welt Polizeipferde. Berittene Polizisten werden dort hingeschickt, wo andere Verkehrsmittel nicht eingesetzt werden können: in Parks und Grünanlagen, aber auch bei Demonstrationen und Großveranstaltungen. Wichtig ist, dass die Pferde bei großen Menschenmengen und viel Verkehr ruhig bleiben. Auch beim Militär spielen Pferde eine wichtige Rolle: Haflinger tragen zum Beispiel Waffen, Munition, Verpflegung und viele andere Güter der Gebirgsjäger (Soldaten) in schwer zugängliche Gelände.

## Mit der Kutsche unterwegs

Fahrten mit der pferdebespannten Kutsche sind beliebt, auf dem Land ebenso wie in der Stadt. In Wien fahren die berühmten Fiaker Touristen zu den Sehenswürdigkeiten.

**Polizeipferde brauchen eine gute Ausbildung, weil sie auch in Stresssituationen ruhig bleiben müssen.**

Pferde ziehen im Wald
schwere Baumstämme.

## Rückepferde

Auch bei der Waldarbeit sieht man
seit einiger Zeit wieder häufiger
Pferde. Sie richten am Waldboden
und an den Bäumen weniger
Schäden an als Maschinen. Diese
Pferde nennt man Rückepferde. Um
die schweren Baumstämme zu
ziehen, brauchen die Pferde viel
Kraft und Ausdauer. In einer
speziellen Ausbildung werden
die Rückepferde allmählich an das
Geschirr und das Ziehen von Lasten
gewöhnt.

In ärmeren Ländern werden
auch heute noch Pferde in der
Landwirtschaft eingesetzt.

## Pferde bei der Landarbeit

Fast überall sind Pferde in der
Landwirtschaft durch moderne
Maschinen ersetzt worden. Nur
in den ärmeren Ländern – wie
zum Beispiel in Osteuropa –
spannt man sie noch heute
vor den Pflug oder Wagen.
Und in Gegenden mit viel Schnee
ziehen Pferde im Winter große
Schlitten mit Menschen oder trans-
portieren Güter.

**Kaum zu glauben**

Ein Arbeitspferd kann
bis zu zwei Tonnen,
also 2000 kg Gewicht
ziehen – das ist das
Dreifache seines
eigenen Gewichts!

Haflinger sind robuste
Arbeitspferde und vor
allem im Gebirge gute
Helfer.

Du entscheidest selbst:
• Wer sind die Kraftprotze unter
den Pferden? ➡ Seite 38/39
• Was sucht Maiskeimöl im
Pferdestall? ➡ Seite 46/47

Lies mal weiter!
Seite 36, 38, 56

# Das Pferd – ein Herdentier

Alle Pferde und Ponys sind Herdentiere und leben gern in Gemeinschaft. Ihr Leben in der Herde wird durch klare Regeln und Verhaltensweisen bestimmt. Für uns Menschen ist es wichtig, diese Regeln zu kennen. Denn nur so können wir das Verhalten von Pferden richtig verstehen. Zum Beispiel sollte ein Reiter wissen und sich darauf einstellen, dass Pferde bei Gefahr immer fliehen. Je besser wir ein Pferd kennen, desto leichter können wir mit ihm umgehen!

# Großfamilie Herde

**An einer Wasserstelle trinkt zuerst das ranghöchste Tier, die anderen warten.**

Pferde und Ponys sind gesellige Tiere: Ein Pferd, das allein gehalten wird, ist einsam und unglücklich.

### Strenge Regeln

Wilde Pferde und Ponys leben in einer Herde. Für das Zusammenleben in dieser Großfamilie gelten bestimmte Regeln und eine Rangordnung. Der Leithengst führt die Herde an. Bei Gefahr folgen ihm alle. Die Leitstute ist das ranghöchste weibliche Tier.

### Freunde und Partner

Pferde und Ponys teilen nicht nur ihren Lebensraum, sondern schließen auch Freundschaften. Meist sind es zwei oder drei Tiere, die Freunde werden. Pferde berühren sich häufig, begrüßen einander und helfen sich bei der Fellpflege.

**Das Pferd lebt am liebsten in Gemeinschaft mit Artgenossen.**

## Rivalen und Rangordnung

Die Rangordnung innerhalb einer Herde ist nicht für alle Zeiten festgelegt. So kann ein Pferd innerhalb der Herde einen neuen Platz in der Rangordnung einnehmen. Oder es kommt ein neues Pferd dazu. Meist ist das ein junger Hengst, der Leithengst werden möchte.

**Angelegte Ohren sind eine Drohgebärde.**

## Drohen und imponieren

Der Junghengst fordert den bisherigen Leithengst mit Drohgebärden und Imponiergehabe heraus: So zeigen die Hengste zum Beispiel ihre Schneidezähne, stellen sich auf die Hinterbeine, schubsen oder treten einander. Manchmal kommt es sogar zum Kampf zwischen den beiden Hengsten. Gewinnt der alte Leithengst, dann wird der junge Hengst in die Herde aufgenommen. Ist der Junghengst der Sieger, wird er normalerweise neuer Leithengst.

**In Kampfspielen trainieren Junghengste ihre Stärke.**

**Der Verlierer macht Kaubewegungen mit dem Unterkiefer.**

Du entscheidest selbst:
• Was nennt man beim Pferd „Abzeichen"? ➡ Seite 32/33
• Gehen Pferde in die Schule? ➡ Seite 56/57

**Als Zeichen der Versöhnung berühren sich die Pferde mit den Köpfen.**

**Lies mal weiter!**
Seite 28, 44, 54

# Leben in der Familie

Innerhalb einer Herde gibt es kleinere Gruppen, die Harem genannt werden. Ein Harem ist sozusagen die Kleinfamilie der Pferde.

## Wer gehört dazu?

Zu einem Harem gehören immer ein Hengst, ein oder zwei Stuten sowie ihre Fohlen und die ein- bis zweijährigen Jungtiere.

## Kämpfe um die Stuten

Ein Hengst sucht sich Stuten aus und kämpft auch um sie. So versucht mancher Junghengst, dem Harems- hengst eine seiner Stuten wegzunehmen. Manchmal schleichen sich die Junghengste auch in einen Harem ein, um einen alten oder kranken Haremshengst zu verdrängen. Gelingt ihm das, gewöhnen sich die Stuten im Allgemeinen schnell an ihren neuen „Beschützer". Es kann aber auch vorkommen, dass sie ihn ablehnen. Dann muss er sich einen neuen Harem suchen. Freundschaften zwischen den Pferden eines Familientrupps halten viele Jahre.

**Eine größere Herde besteht aus mehreren kleineren Familien, den Harems.**

Fohlen bleiben etwa zwei
Jahre bei ihrer Familie.

Du entscheidest selbst:
• Wer war „Pliohippus"?
  ➡ Seite 10/11
• Was machen Rückepferde?
  ➡ Seite 16/17

## Jungpferde im Harem

Der Haremshengst duldet seine
Nachkommen etwa zwei Jahre in
der Familie. Dann müssen die
Jungtiere den Harem verlassen.
Vor allem die jungen Hengste
empfindet der Haremshengst als
lästig.

## Suche nach eigenem Harem

Die Junghengste begreifen schnell,
dass sie nicht mehr erwünscht sind
und nehmen Reißaus. Manchmal
finden sich mehrere Junghengste
zusammen und bleiben so lange in
der Gruppe, bis sie Stuten finden
und einen eigenen Harem gründen.

**Zu einer Familie
gehören:**
► ein Haremshengst
► ein oder zwei
  Haremsstuten
► ihre Fohlen
► ihre ein- bis zwei-
  jährigen Jungpferde

**Lies mal weiter!**
Seite 20, 26, 46

# Pferde-Kinderstube

Nur der Leithengst der Herde darf sich mit den Stuten paaren. Hengste sind dann drei bis vier Jahre alt. Stuten bekommen mit etwa zwei Jahren ihr erstes Fohlen.

## „Rossig sein"

Stuten können sich nur an bestimmten Tagen fortpflanzen, nämlich wenn sie „rossig" sind. Das kommt alle drei bis vier Wochen vor und dauert ein paar Tage.

## Paarung und Geburt

Eine rossige Stute ist bereit für die Paarung. Der Hengst bemerkt das an einem besonderen Geruch. Dann springt er von hinten auf die Stute und führt seinen Penis in ihre Scheide ein. Er „deckt" oder „belegt" die Stute. Pferdestuten tragen ihre Jungen etwa 336 Tage aus, das heißt, sie sind etwas mehr als elf Monate trächtig. Das Fohlen kommt mit den Vorderhufen voran auf die Welt.

# Zwillingsgeburtstag im Gestüt Oberhof!

**Oberhof** / Heute ist auf Gestüt Oberhof ein besonderer Tag: Das Pferde-Zwillingspaar Lisa und Benny feiert seinen ersten Geburtstag! Die beiden Jungpferde sind gesund und munter, aber etwas kleiner als ihre Altersgenossen. Das Risiko bei einer Zwillingsgeburt ist sehr hoch, oft stirbt eines der Fohlen oder die Stute bei der Geburt. Renate Oberhof, die Besitzerin des Gestüts, ist deshalb auch sehr stolz auf ihre munteren Zwillinge.

## Knack den Code!

3. Wie nennt man die erste Milch der Stute nach der Geburt?

(7. Buchstabe)

## Die ersten Stunden

Gleich nach der Geburt leckt die Stute ihr Fohlen trocken. Dadurch prägt sie sich seinen Geruch ein. Das Neugeborene versucht mit aller Kraft aufzustehen. Eine schwierige Aufgabe! Oft knicken Vorder- oder Hinterbeine wieder ein. Doch bereits 15 bis 40 Minuten nach der Geburt steht das Fohlen zum ersten Mal auf vier Beinen.

### Kaum zu glauben

Die Geburt eines Fohlens dauert oft nicht einmal 20 Minuten!

**Das Fohlen ist wenige Tage alt.**

## Auf staksigen Beinen zur Mutter

Wie alle Säugetiere werden Fohlen mit Muttermilch ernährt. Sobald das Fohlen auf seinen vier dünnen Beinchen stehen kann, sucht es nach den Zitzen seiner Mutter. Die erste Milch, die es trinkt, nennt man Kolostrum. Sie enthält wichtige Nährstoffe und schützt vor Krankheiten.

## Lies mal weiter!
Seite 26, 34, 60

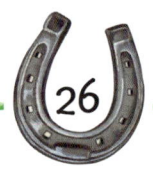

# Vom Fohlen zum Pferd

**So wachsen Fohlen**

| | |
|---|---|
| Geburt: | 100 cm |
| 6 Monate: | 133 cm |
| 12 Monate: | 146 cm |
| 18 Monate: | 154 cm |

(durchschnittliches Stockmaß beim Vollblut)

Bereits nach wenigen Wochen ahmt das Fohlen die anderen Pferde nach und beginnt – neben der Muttermilch – zusätzlich Gräser, Halme und Kräuter zu fressen.

## Geschwister und Freunde

Je größer und kräftiger das Fohlen wird, umso neugieriger wird es. Mehr und mehr werden andere Fohlen und Jungpferde zu Spielgefährten. Mit etwa fünf Monaten ist das Fohlen schon recht selbstständig. Auch sein Körper hat jetzt die Proportionen eines ausgewachsenen Pferdes und seine Hufe sind hart geworden.

## Vom Fohlen zum Jährling

In freier Natur wird ein Fohlen etwa sechs Monate lang gesäugt. Dann wird es entwöhnt und darf nicht mehr bei der Mutter trinken. Zwar protestiert das Fohlen dagegen, doch vergeblich. Im Zuchtbetrieb werden die Fohlen in diesem Alter von der Mutter getrennt, man nennt sie Absatzfohlen. Für das Fohlen bedeutet dies das Ende der Kindheit.

## Jungstuten und Junghengste

Nach dem ersten Geburtstag ist das junge Pferd kein Fohlen mehr, sondern ein Jährling.

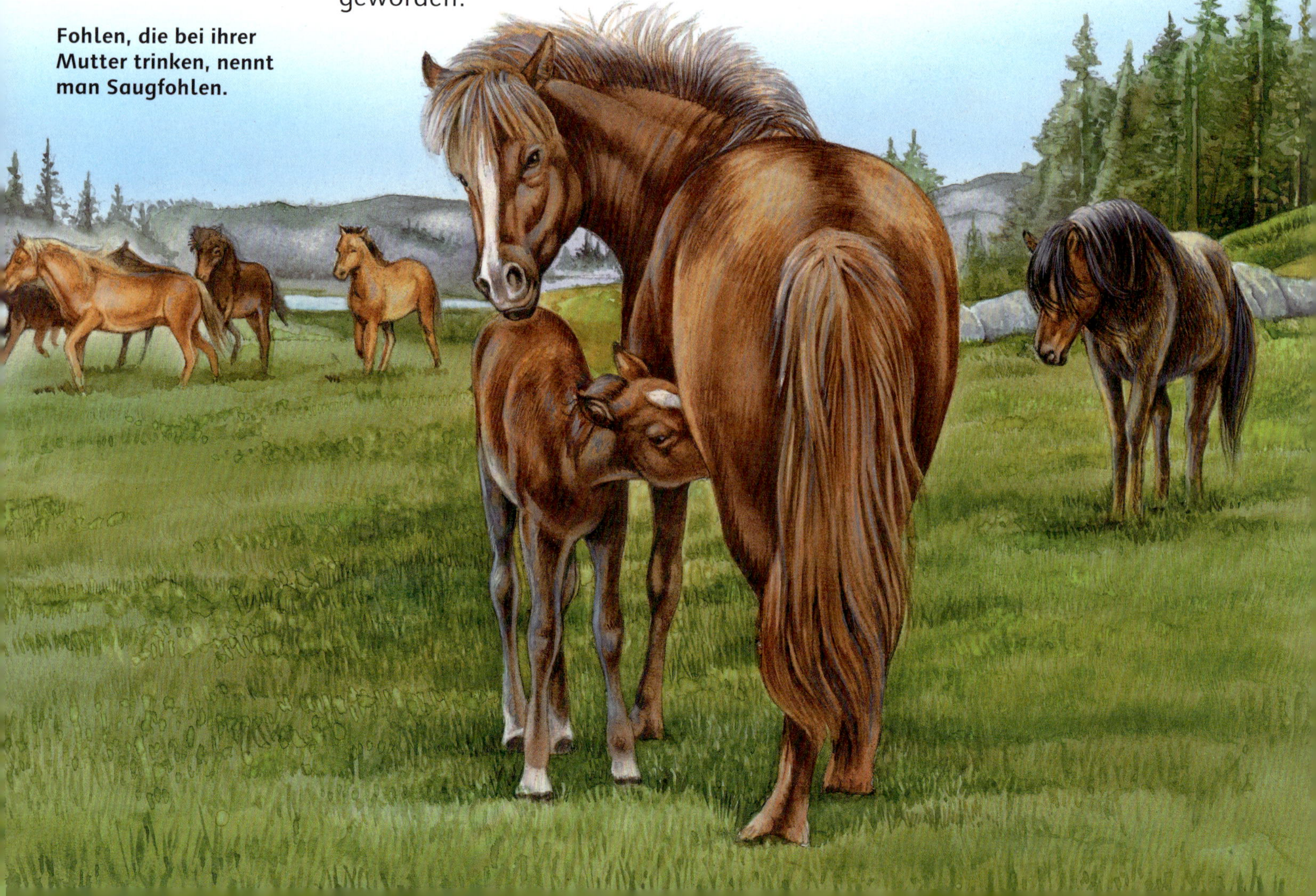

**Fohlen, die bei ihrer Mutter trinken, nennt man Saugfohlen.**

**Je älter die Fohlen sind, desto wichtiger werden für sie ihre Spielgefährten.**

**So schlafen Fohlen am liebsten: flach auf dem Boden und alle viere von sich gestreckt.**

Jetzt zeigen sich auch deutliche Unterschiede zwischen Stuten und Hengsten: Während die jungen Stuten miteinander spielen, balgen die jungen Hengste viel wilder miteinander: Sie bäumen sich auf, schlagen mit Vorder- und Hinterbeinen aus und beißen einander spielerisch.

## Weitere Entwicklung

Im zweiten Lebensjahr wächst das junge Pferd oder Pony dann nur noch sehr langsam. Richtig ausgewachsen ist es aber erst mit vier bis fünf Jahren. Bis dahin nennt man es Jungpferd. Pferde können 25 bis 30 Jahre alt werden, Ponys sogar 30 bis 35 Jahre.

Du entscheidest selbst:
Wer war zuerst auf der
• Welt: Mensch oder Pferd?
➡ Seite 10/11
• Wann hat ein Reiter mit einem Zirkel zu tun? ➡ Seite 62/63

**Kaum zu glauben**
Ein Jährling grast 14 bis 18 Stunden am Tag!

Hallo Anna,
gestern war ich auf dem Ponyhof. Ben, das Fohlen vom letzten Jahr, ist schon richtig groß geworden! Er springt den ganzen Tag auf der Weide herum. Einmal wollte er wieder bei seiner Mutter trinken, aber sie hat ihn gleich weggeschubst und nach ihm geschnappt. Ben ist ja jetzt auch schon viel zu groß dafür.
Bis bald, liebe Grüße von
Janja

An
Anna Schuster
Birkenstraße 10
35039 Marburg

**Lies mal weiter!**
Seite 12, 22, 68

# Sprache und Sinne

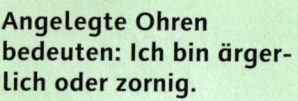

Pferde verständigen sich durch Körpersprache. So nennt man die Signale, die sie mit dem Körper aussenden.

### Berühren ist wichtig!

Auf Körperkontakt reagieren Pferde sehr empfindsam. Sie kraulen und liebkosen einander. Pferde genießen es, von Menschen gestreichelt oder geputzt zu werden.

### Verschiedene Stimmungen

Entspannte Pferde haben ruhige Augen und entlasten oft ein Hinterbein. Wenn ein Pferd wachsam ist, hebt es Kopf und Schweif und richtet die Ohren nach vorne. Legt ein Pferd die Ohren an und schlägt mit dem Schweif, ist es ärgerlich. Dann sollte der Reiter Abstand halten! Ängstliche Pferde klemmen den Schweif zwischen die Hinterbeine. Natürlich geben Pferde auch Laute von sich: sie wiehern, schnauben oder brummeln. Doch diese Laute sind für uns Menschen weniger eindeutig als die Körpersprache.

**Aufgestellte Ohren bedeuten: Ich bin wachsam und interessiert.**

**Wenn Pferde einander begrüßen, berühren sie sich mit den Nüstern.**

**Angelegte Ohren bedeuten: Ich bin ärgerlich oder zornig.**

**Dieses Pferd flehmt, es spürt einem interessanten Geruch nach.**

**Riechen**
▶ sehr gut entwickelt
▶ wittern Gerüche von weitem
▶ erkennen andere Pferde am Kot oder Urin

**Schmecken**
▶ Geschmackssinn sehr ausgeprägt
▶ sind Feinschmecker
▶ Vorliebe für süßlichen Geschmack

**Hören**
▶ sehr empfindliche Ohren
▶ hören auch leise Geräusche
▶ Stimmungsanzeiger

**Sehen**
▶ wichtigstes Sinnesorgan: Auge
▶ sehen auch nachts gut
▶ Vorsicht: toter Winkel!

**Fühlen**
▶ sehr empfindsame Körperoberfläche
▶ genießen Berührungen
▶ Tasthaare an Unter- und Oberlippe

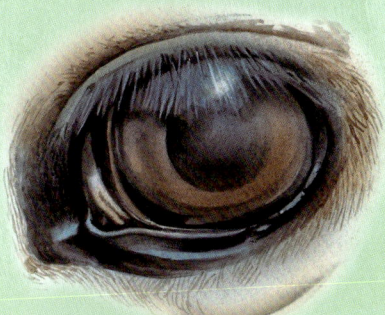

**Kaum zu glauben**
Nachts sehen Pferde besser als Menschen!

## Der wichtigste Sinn

Die Augen sind das wichtigste Sinnesorgan der Pferde. Da sie seitlich am Kopf liegen, haben Pferde ein sehr weites Blickfeld. Um zu sehen, was hinter ihnen passiert, müssen sie allerdings den Kopf drehen. Diesen Bereich nennt man „toten Winkel". Deshalb sollte man sich einem Pferd nie von hinten nähern, es könnte erschrecken.

## Die anderen Sinne

Der Geruchssinn ist deutlich ausgeprägt: Pferde wittern einander schon von weitem und können sogar Giftpflanzen erkennen. Sie hören auch sehr gut: Ihre beweglichen Ohren nehmen jedes Geräusch wahr und spielen bei der Orientierung eine wichtige Rolle. Und mit den Tasthaaren an Unter- und Oberlippe können Pferde leicht ihre nahe Umgebung ertasten.

**Am hinteren Ende des Körpers haben Pferde einen „toten Winkel".**

**Knack den Code!**
4. Welches Sinnesorgan ist für Pferde am wichtigsten?
(4. Buchstabe)

**Lies mal weiter!**
Seite 16, 24, 44

# Wie unterscheiden sich Pferde?

Die über 200 verschiedenen Pferde- und Pony-rassen sind im Laufe der Jahrhunderte durch Anpassung an die natürlichen Lebensbedin-gungen, aber auch durch Zucht entstanden. Die Rassen unterscheiden sich äußerlich durch Größe, Gewicht und Körperbau, aber auch durch ihr Verhalten und ihr Temperament.

# Körperbau und Haarfarbe

**Knack den Code!**
5. Wo misst man die Größe beim Pferd?
(3. Buchstabe)

Alle Pferde und Ponys, so unterschiedlich sie auch aussehen, weisen wichtige Gemeinsamkeiten beim Körperbau auf.

## Knochen und Muskeln

Pferde sind Wirbeltiere. Ihr Skelett besteht aus rund 200 Knochen. Durch ihre etwa 520 Muskeln, Sehnen und Gelenke sind sie sehr beweglich.

Pferde gibt es in verschiedenen Farben und Größen, doch sie sind alle miteinander verwandt.

Das Exterieur eines Pferdes:

Nacken
Mähnenkamm
Schopf
Stirn
Hals
Nasenrücken
Widerrist
Nüster
Kinn
Rücken
Kruppe
Ganasche
Hüfte
Kehlgang
Schweifrübe
Schulter
Oberschenkel
Vorderbrust
Knie
Schweif
Unterarm
Brust
Bauch
Unterschenkel
Ellbogenhöcker
Vorderfuß-Wurzelgelenk
Sprunggelenk
Vorderröhre
Hinterröhre
Fesselkopf
Fessel
Huf
Ballen

## Exterieur und Stockmaß

In der Fachsprache heißt das äußere Erscheinungsbild eines Pferdes Exterieur: Dabei spielen der Körperbau insgesamt und die Körperproportionen eine Rolle. Das Stockmaß gibt die Größe an: Man misst dafür mit einem Stock die Widerristhöhe des Pferdes.

## Körperhaar und Langhaar

Das Pferdefell besteht aus kurzen Körperhaaren und dem Langhaar von Mähne, Schopf und Schweif. Die Natur hat Pferde und Ponys gut für das Leben im Freien ausgestattet: Im Winter haben sie ein dichteres Fell, das sie vor Kälte und Nässe schützt. Im Frühling wird es abgestoßen – ein kurzes, glänzendes Sommerfell wächst nach. Regelmäßige Fellpflege ist für Pferde sehr wichtig.

### Häufige Farben

**Brauner:** bräunlich-rotbraunes Fell, schwarzes Langhaar
**Falbe:** hellbraunes Fell, schwarzes Langhaar
**Fuchs:** bräunliches Fell, braunes oder helleres Langhaar
**Isabelle:** cremefarbenes Fell und Langhaar
**Rappe:** schwarzes Fell und Langhaar
**Schimmel:** hellgrau-weißes Fell und Langhaar

## Farben bei Wild- und Zuchtpferden

Ursprünglich war das Fell wild lebender Pferde farblich an die natürliche Umgebung angepasst. So waren sie besser getarnt und vor Feinden geschützt. Durch die Pferdezucht wurden unterschiedliche Pferde miteinander gekreuzt – es entstand eine Vielfalt an Fellfarben und Zeichnungen: von schwarz bis weiß, braun bis cremefarben, mit heller oder dunkler Mähne.

## Abzeichen

Sehr viele Pferde haben keine durchgehende Farbe, sondern zusätzlich anders gefärbte Körperstellen, meist am Kopf oder an den Beinen. Man nennt sie Abzeichen. Manche treten so häufig auf, dass man ihnen sogar eigene Namen gegeben hat.

**Verschiedene Abzeichen**

Flocke

Blesse

Milchmaul

### Kaum zu glauben
Einen nach oben gewölbten Pferderücken nennt man Karpfenrücken!

**Lies mal weiter!**
Seite 36, 40, 48

# Pferdetypen und Rassen

Die verschiedenen Pferde- und Ponyrassen sind im Laufe der Zeit durch natürliche Auswahl und durch Züchtung entstanden.

## Große Vielfalt

Die Pferde und Ponys unterscheiden sich in Größe, Gewicht, Kraft und Temperament sowie im Charakter. Leichtgewichte sind die Shetland-Ponys mit etwa 190 Kilogramm, während ein großes Kaltblut bis zu 1200 Kilogramm wiegt.

## Vier Hauptgruppen

Zur besseren Übersicht teilt man die Pferderassen in vier Hauptgruppen ein: Vollblüter, Warmblüter und Kaltblüter und die Gruppe der Ponys und Kleinpferde. Diese Einteilung erfolgte nach Körperbau und Tem-perament und hat nichts mit der Temperatur des Blutes zu tun! Kreuzt man die Gruppen, entstehen soge-nannte Halbblüter.

## Verschiedene Pferdetypen

Vollblüter sind schnelle, elegante Pferde. Bekannte Rassen sind Vollblutaraber und Englische Vollblutpferde. Durch Mischung verschiedener Rassen entstanden Warmblüter, wie Hannoveraner, Holsteiner und Trakehner. Als Kaltblüter bezeichnet man schwere, große, leistungsstarke Arbeitspferde wie Ardenner und Belgier. Ponys und Kleinpferde sind beliebte Reitpferde bei Kindern und Jugendlichen. Bekannte Rassen sind Haflinger, Shetland-Ponys und Island-Ponys.

**Bei den Großpferden unterscheidet man kräftige Kaltblüter, mittel-schwere Warmblüter und schnelle Vollblüter.**

### Warmblüter
▶ Stockmaß:
162 bis 175 cm
▶ Temperament:
eher lebhaft, viel-
seitig einsetzbar
▶ Verwendung: Dres-
sur, Springreiten

### Vollblüter
▶ Stockmaß:
145 bis 170 cm
▶ Temperament:
lebhaft, schnell
▶ Verwendung:
Galopprennen

### Kaltblüter
▶ Stockmaß:
155 bis 195 cm
▶ Temperament:
ruhig, gelassen
▶ Verwendung:
Arbeitspferde

### Ponys und Kleinpferde
▶ Stockmaß:
70 bis 147,3 cm
▶ Temperament:
freundlich, robust
▶ Verwendung: Reit-
und Zugpferde

Du entscheidest selbst:
• Wer reitet mit
Zylinder auf dem
Kopf? ➡ Seite 54/55
• Welche Wildpferde
leben heute noch?
➡ Seite 44/45

Bei Ponys und Klein-
pferden sind die
Haflinger besonders
verbreitet.

**Lies mal weiter!**
Seite 22, 38, 66

# Voll- und Warmblüter

Die meisten unserer modernen Frei-zeit- und Reitpferde sind Voll- und Warmblüter.

## Vollblüter

Vollblüter sind besonders schnelle und elegante Tiere und ideale Rennpferde.
Sie sind die älteste Pferde-rasse der Welt. Das Arabische Vollblut gilt als Vorfahre aller anderen Vollblüter. Vermutlich wurden diese Pferde bereits im 7. Jahrhundert auf der arabischen Halbinsel gezüchtet.

## Edler Araber

Durch strenge Zuchtvorgaben und harte Auslese haben sich die Araber ein sehr typisches Erscheinungsbild bewahrt: Es sind schlanke Pferde mit kleinem Kopf, schön gewölbtem Hals sowie großen Augen und Nüs-tern. Araber sind anhänglich und ausdauernd, sie passen sich her-vorragend an ihre Umwelt an. Araberpferde werden dank ihrer besonderen Eigenschaften häufig zur Veredelung anderer Rassen ein-gesetzt. So entstand zum Beispiel das Englische Vollblut.

**Kaum zu glauben**

Die Zucht der Araber geht auf den Propheten Mohammed zurück: Fünf seiner Stuten sollen die Vorfahren aller Arabi-schen Vollblüter sein.

**Typisch für den Araber ist, dass er seinen Schweif beim Laufen wie eine Fahne trägt.**

## Warmblüter

Warmblüter sind eine Mischung aus robusten Kaltblutpferden mit Englischen Vollblütern und Halbbluthengsten. Die Rasse wurde im 18. und 19. Jahrhundert in Europa gezüchtet. Im Laufe der Zeit entwickelte sich ein leichtes bis mittelschweres Sport- und Freizeitpferd.

## Trakehner und Lipizzaner

Ein in Deutschland beliebtes Warmblut ist der Trakehner, ein genügsames, temperamentvolles Pferd. Berühmt sind auch die Lipizzaner, die ab dem 18. Jahrhundert gezüchtet wurden. In der Spanischen Hofreitschule in Wien kann man sie noch heute bei ihrer anspruchsvollen Dressurarbeit beobachten.

### *Spanische Hofreitschule Wien*

**Neues Programm!**

Erleben Sie 45 spannende Minuten in der Welt der Lipizzaner und ihrer Reiter.

Tolle Hintergrundinformationen über Ausbildung und Arbeit der berühmten weißen Pferde. Nehmen Sie teil an den Stationen, die vom „Eleven" zum Oberbereiter führen und vom jungen Pferd zum bewunderten Schulhengst der Spanischen Hofreitschule in Wien!

**Ein schwarzer Hengst beim Training**

**Knack den Code!**

6. Wie heißen die Pferde der Spanischen Hofreitschule?
(1. Buchstabe)

**Lies mal weiter!**
Seite 10, 32, 66

# Kaltblüter

Kaltblutpferde haben ein ruhiges, ausgeglichenes Wesen, dem selbst Trubel nichts anhaben kann. Das unterscheidet sie von den lebhafteren und nervöseren Warm- und Vollblütern. Kaltblüter sind die Kraftprotze unter den Pferden.

## Aussehen

Kaltblüter sind große, massige Pferde, die ursprünglich vom nordischen Wildpferd abstammen. Sie

Bereits die alten Römer schätzten das Ardenner Kaltblut wegen seiner Ausdauer.

haben einen schweren Kopf mit einem kurzen Hals, eine dichte Mähne und grobes Langhaar. Ihre Beine sind kräftig, mit großen Hufen. Die Hufe sind von langen Haaren, dem Kötenbehang, bedeckt.

In Wintersportorten werden oft Fahrten mit dem Pferdeschlitten angeboten. Mühelos ziehen Kaltblüter diese großen Schlitten.

## Der Riese unter den Pferden

Das englische Kaltblut Shire-Horse ist mit 175 bis 200 Zentimeter Stockmaß und über 1000 Kilogramm Gewicht das größte Pferd der Welt!
In Deutschland sind das Rheinisch-Deutsche Kaltblut und der Schwarzwälder Fuchs beliebt.

1. September

Heute waren wir den ganzen Tag im Wendelsteingebirge unterwegs. Das war ziemlich anstrengend. Zum Glück sind wir zum Schluss mit einer Kutsche gefahren. Zwei Pferde haben sechs Leute gezogen. Das muss ganz schön schwer sein! Der Kutscher erzählte uns viel von den Kaltblütern. Nach den Indischen Elefanten sind es die stärksten Arbeitstiere der Welt.

## Einst weit verbreitet

Im 19. Jahrhundert waren Kaltblutrassen wie Shire-Horse und Belgier beliebte Arbeitspferde in Landwirtschaft und Industrie. Die Menschen schätzten vor allem ihr enormes Leistungsvermögen und ihre Gutmütigkeit. Doch ab Mitte des 20. Jahrhunderts wurden sie zunehmend von Maschinen verdrängt.

## Heute eher selten

Heute werden Kaltblüter meist nur noch zu besonderen Gelegenheiten als Arbeitspferde eingesetzt. So zum Beispiel in der Forstwirtschaft, wenn die Nutzung schwerer Maschinen nicht möglich oder unerwünscht ist. Außerdem sieht man sie als Zugpferde von Brauereiwagen und prächtig aufgeputzt bei Festzügen. Viele Menschen schätzen diese treuen und ausdauernden Pferde auch als Freizeit- und Familienpferde. Kaltblüter sind viel robuster als andere Pferde. Was sie gar nicht mögen, ist Boxenhaltung. Sie wollen lieber das ganze Jahr auf der Koppel stehen.

Der Bretone zählt in Frankreich zu den beliebtesten Kaltblutpferden.

**Knack den Code!**
7. Wie heißt das größte Pferd der Welt?
(3. Buchstabe)

**Lies mal weiter!**
Seite 16, 28, 48

# Ponys und Kleinpferde

Von den Großpferden unterscheidet man die kleinwüchsigen Pferderassen der Ponys und Kleinpferde. Zu ihnen zählen alle Pferde mit weniger als 147,3 Zentimeter Stockmaß.

### Wildponys und Wildpferde

Ponys und Kleinpferde stammen von kleinen Wildpferden aus dem Norden ab. Manche leben noch heute in freier Natur: Camargue-Pferde in Frankreich, Dartmoor-Ponys in England, Dülmener Wild-pferde in Deutschland.

### Aussehen

Ponys und Kleinpferde haben einen kräftigen Körperbau mit relativ kurzen Beinen, einen markanten Kopf und oft auch ein zotteliges Fell. Sie sind charakterstarke Pferde, manchmal auch etwas stur. Bezogen auf Haltung und Fütterung sind sie anspruchsloser und genügsamer als ihre großen Verwandten.

### Beliebt bei Kindern

Das Shetland-Pony ist ein begehrtes Reitpferd bei Kindern. Das kräftige Pony zieht aber auch Kutschen oder Schlitten. Die Tiere stammen von den Shetland-Inseln und sind durch das raue Klima sehr widerstandsfähig. Ähnlich robust ist das Fjordpferd, das auch Norweger-Pony genannt wird. Typisch für diese alte Rasse sind die zweifarbige Mähne und der Aalstrich auf dem Rücken.

**Kaum zu glauben**

Shetland-Ponys können das 20-fache ihres Körpergewichts ziehen!

**Ponys fühlen sich auf der Weide und in Gesellschaft am wohlsten.**

„Echte" Ponys sind:
Shetland-Pony
Exmoor-Pony
Dartmoor-Pony

Kleinpferde sind:
Haflinger
Camargue-Pferd
Fjord-Pferd

Großpferde sind:
Hannoveraner
Friese
Araber

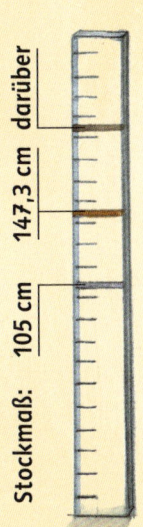

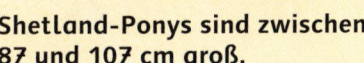

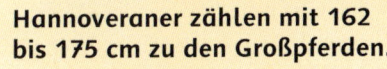

**Shetland-Ponys sind zwischen 87 und 107 cm groß.**

**Haflinger sind mit 135 bis 147,3 cm Kleinpferde.**

**Hannoveraner zählen mit 162 bis 175 cm zu den Großpferden.**

## Kleinpferde

Die häufigste Kleinpferdrasse sind die Haflinger, die wegen ihres goldenen Fells und ihres hellen Langhaars auch die „Blonden" aus dem Süden heißen. Sie kommen aus Südtirol, wo sie als Arbeitspferde im Gebirge geschätzt wurden. Mittlerweile sind sie beliebte Freizeitpferde.

**Haflingern wird ein etwas sturer Charakter nachgesagt. Deshalb ist gute Erziehung sehr wichtig.**

Du entscheidest selbst:
• Wer arbeitete früher im Bergwerk? ➡ Seite 14/15
• Was ist ein Derby? ➡ Seite 70/71

**Lies mal weiter!**
Seite 12, 24, 50

# Alltag der Pferde

Pferde brauchen ausreichend Bewegung, ausgewogenes Futter und die Gesellschaft von anderen Pferden. Außerdem müssen sie sorgfältig gepflegt und regelmäßig vom Tierarzt und Hufschmied behandelt werden. Eines sollte man nicht vergessen: Pferde brauchen auch ihre Streicheleinheiten!

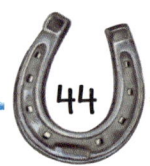

# Im Freien und im Stall

**Wild lebende Pferde und Ponys**

**Brumbys:** Australien
**Camargue-Pferde:** Frankreich
**Dülmener Wildpferde:** Deutschland
**Exmoor- und Dartmoor-Ponys:** England
**Islandpferde:** Island
**Mustangs:** USA
**New Forest-Pony:** England

Die meisten Pferde und Ponys leben als Freizeit- und Reitpferde unter der Obhut des Menschen.

## In freier Wildbahn

In einigen Teilen der Welt gibt es noch wild oder halb wild lebende Pferdeherden.
Die Bestände nehmen aber immer mehr ab, da sie eingefangen und gezähmt werden. Außerdem gibt es immer weniger freien Lebensraum, wo sie ungestört grasen und galoppieren können.

## Robusthaltung

Viele Pferdehalter versuchen aber, ihren Pferden und Ponys eine möglichst natürliche Lebensweise zu bieten: Die Tiere sind das ganze Jahr über im Freien. Diese Art der Pferdehaltung nennt man Robusthaltung. Auf einer Weide können Pferde grasen, schlafen und sich bewegen, wann und wie sie mögen! Die Weide muss groß sein und ausreichend Futter sowie Wasser bieten. Auch ein Unterstand, ein Offenstall, sollte vorhanden sein, unter dem die Pferde vor Sonne oder starkem Regen Schutz finden.

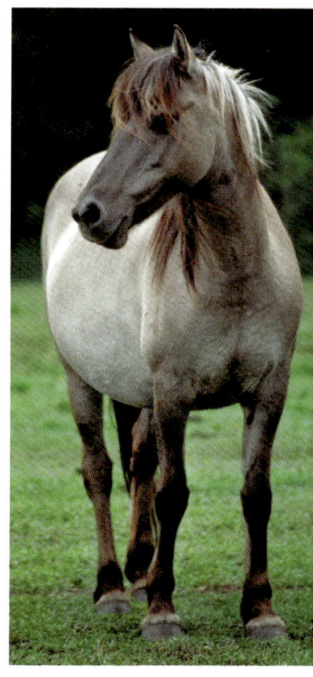

**Dülmener Wildpferde haben häufig einen Aalstrich auf dem Rücken, manchmal auch Zebrastreifen.**

**Alle Camargue-Pferde sind weiß: Die helle Farbe schützt sie im heißen Sommer vor Insekten.**

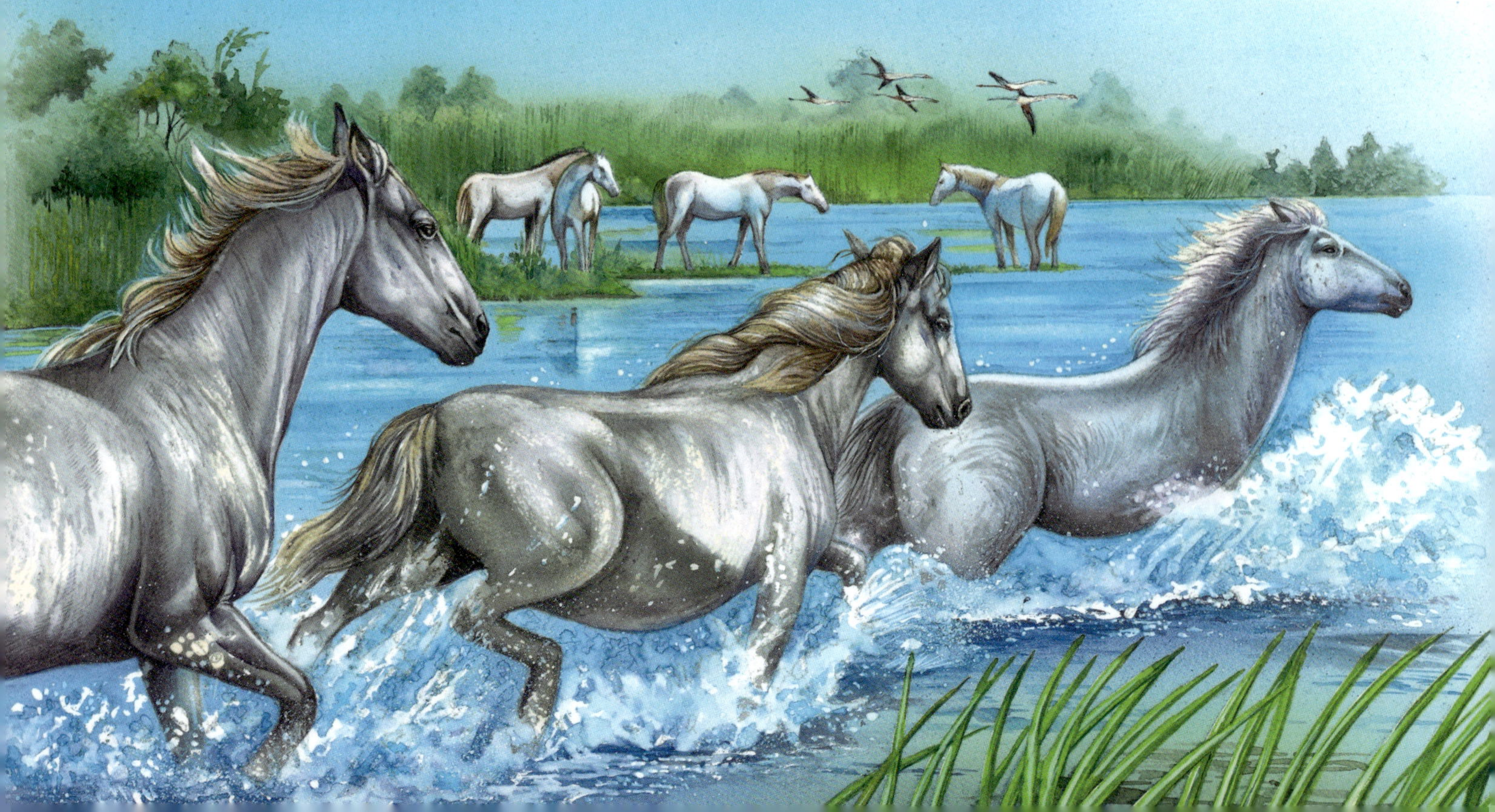

## Wie sollten Pferde untergebracht sein?

*Interview mit Herrn Hinrich*

**Munsfeld** / Das Pferdegestüt in Munsfeld ähnelt einer Groß-baustelle – neue Ställe werden gebaut. Unsere Jungredakteurin Ria sprach mit dem Leiter des Gestüts, Herrn Hinrich.

*Wie soll ein Pferdestall aussehen?*

Herr Hinrich: Er muss groß, hell, trocken und sauber sein. Frische Luft ist ganz wichtig. Deshalb sollte jeder Stall auch ein Fenster haben.

*Braucht jedes Pferd eine eigene Box?*

Herr Hinrich: Nicht unbedingt. Wichtig ist, dass es genug Platz hat, um sich zu bewegen.

*Und wie sehen Ihre neuen Ställe aus?*

Herr Hinrich: Unsere neuen Offenställe auf den Weiden ge-ben den Pferden die Freiheit, selbst zu entscheiden, wo sie sich aufhalten wollen. Und in den geräumigen Laufställen können sie sich frei bewegen und finden alles vor, was sie für ein naturnahes Leben brauchen.

*Vielen Dank für das Gespräch, Herr Hinrich.*

## Knack den Code!

8. Wie nennt man es, wenn Pferde das ganze Jahr über draußen sind?
(13. Buchstabe)

**In einem großzügigen Laufstall fühlen sich Pferde wohl, weil sie mit Artgenossen zusammen sind.**

### Der Pferdestall

Werden Pferde und Ponys dagegen im Stall gehalten, muss dieser groß genug sein: Für ein Großpferd etwa 9 Quadratmeter, für ein Pony 5 bis 7 Quadratmeter. Das Holz für den Stall muss bissfest und stabil sein. Außerdem ist es wichtig, dass der Stallboden dick mit Stroh bedeckt ist. Das schützt die Pferde vor Kälte und Verletzungen. Einmal täglich muss ausgemistet werden, weil die Tiere sonst erkranken können. Wichtig ist auch ausreichend frische Luft und Stalltemperaturen, die etwa den Außentemperaturen ent-sprechen. Futterkrippen in der richtigen Höhe sowie frisches Wasser sind selbstverständlich. Ideal ist eine Selbsttränke.

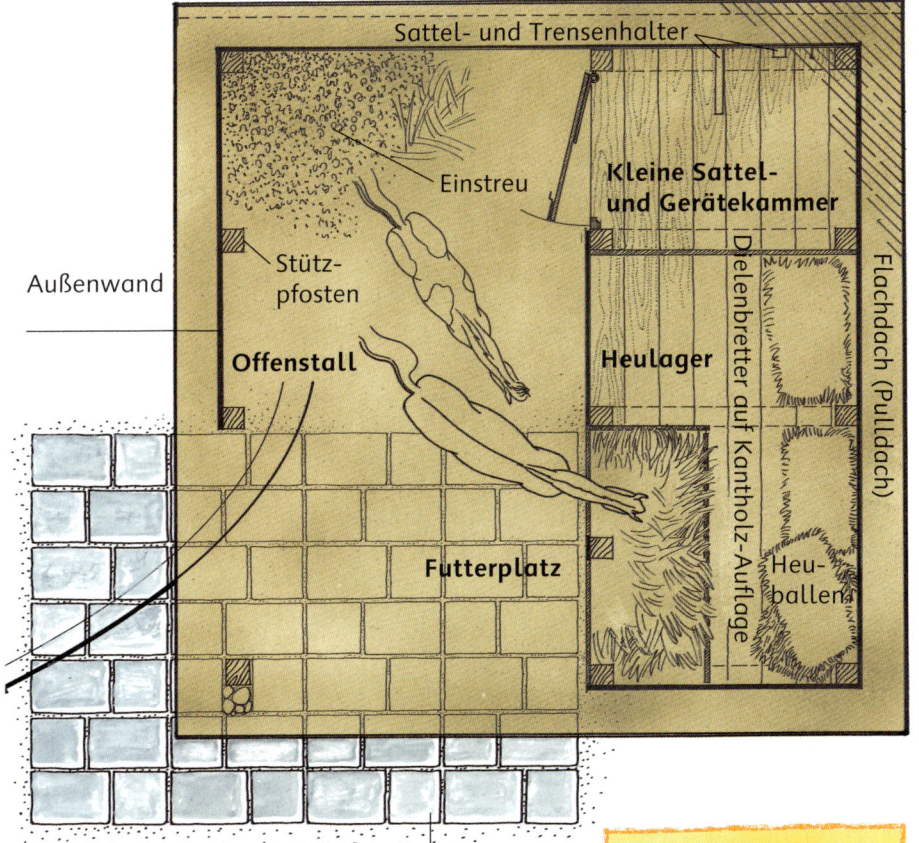

Sattel- und Trensenhalter

Einstreu

Kleine Sattel- und Gerätekammer

Außenwand

Stütz-pfosten

**Offenstall**

Heulager

Dielenbretter auf Kantholz-Auflage

Flachdach (Pulldach)

**Futterplatz**

Heu-ballen

**Bei Haltung in einem Offenstall können die Pferde oder Ponys jederzeit auf die Weide gehen.**

Platten mit rauer Oberfläche

**Lies mal weiter!**
Seite 20, 40, 48

# Versorgung der Pferde

Pferde und Ponys auf der Weide grasen von frühmorgens bis spätabends. Warum tun sie das?

### Kleine Mengen

Pferde haben einen verhältnismäßig kleinen Magen, deshalb können sie nur geringe Futtermengen auf einmal zu sich nehmen. Werden sie gefüttert, sind fünf Mahlzeiten am Tag ideal, das Minimum sind zwei bis drei. Wichtig ist, dass Pferde in Ruhe fressen können und gut kauen, denn wenn sie schlingen, bekommen sie Bauchschmerzen, sogenannte Koliken.

### Grundfuttermittel

Auf der Weide fressen Pferde Gras, Blätter und Kräuter, im Stall und im Winter getrocknetes Gras, das Heu. Beides zählt zum Grundfutter für Pferde, denn Heu und Gras sind leicht verdaulich. Das ausgiebige Knabbern daran ist außerdem ein beliebter Zeitvertreib.

**Ausgewogenes Futter besteht aus Gras und Heu, Getreide und Fertigfutter. Salzsteine liefern Mineralstoffe.**

Salz-stein

Tränke

Pellets, Maisflakes und Getreide nennt man Kraftfutter.

**Knack den Code!**
9. Wie heißt gepresstes Pferdefutter?
(3. Buchstabe)

**Winter-Speiseplan für Reitponys:**

5 Mahlzeiten = 7 kg Futter:
• Heu
• Pellets
• Maisflakes
• Apfel- und Karottenstückchen
• 1 bis 2 Esslöffel Maiskeimöl
Und etwa 25 l frisches Wasser!

## Vielfalt beim Futter

Die meisten Pferde bekommen neben dem Grundfutter noch andere Futtersorten: Kraftfutter, verschiedene Getreidesorten oder Mischfutter wie Flocken und Pellets. Pellets sind gepresstes Pferdefutter und bestehen aus Getreide und anderen pflanzlichen Produkten. Saftfutter wie Apfel- und Karottenstückchen ergänzen das Angebot. Für Mineralstoffe und Vitamine sorgen Lecksteine sowie ein Schuss Maiskeimöl.

## Wasser

Das allerwichtigste Futtermittel ist sauberes, klares Wasser. Am besten ist es, wenn das Pferd den ganzen Tag immer wieder trinken kann, ent-

weder aus einer Selbsttränke oder einem Eimer, der täglich mehrmals neu gefüllt wird. Ein ausgewachsenes Pferd trinkt am Tag 20 bis 30 Liter Wasser, bei Hitze oder stärkerer Belastung deutlich mehr.

Die Futtermenge für ein Pferd hängt von seinem Alter und seiner Größe ab und wie viel es arbeitet oder geritten wird.

**Lies mal weiter!**
Seite 12, 36, 64

# Körperpflege

**Das gehört in die Pferdebox:**

 Wurzel-
bürste

 Gummi-
striegel

 Mähnen-
kamm

 zwei
Schwämme

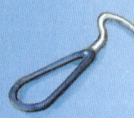 Hufkratzer

 Huffett

 weiches
Tuch

Pferde und Ponys, die überwiegend draußen leben, sorgen selbst für ihre Körperpflege, Stallpferde müssen sorgfältig durch den Menschen gepflegt werden. Beim Putzen des Pferdes wird viel Staub aufgewirbelt. Deshalb sollte man sein Pferd möglichst draußen putzen.

## Robust gehaltene Pferde

Auf der Weide lebende Pferde wälzen sich auf dem Boden, scheuern sich gerne an Bäumen oder beknabbern sich liebevoll gegenseitig. So befreien sie ihr Fell von Schmutz, losen Haaren und Ungeziefer. Sie brauchen nur wenig zusätzliche Pflege durch den Menschen: Es reicht, wenn man sie vor dem Reiten leicht abbürstet und die Hufe reinigt.

## Pflege von Stallpferden

Werden Pferde oder Ponys dagegen überwiegend im Stall gehalten oder sehr intensiv geritten, dann ist eine tägliche Körperpflege nötig – und zwar vor und nach dem Reiten.

## Richtige Pflege

Die Pferdepflege beginnt auf der linken Seite. Man striegelt vom Kopf über den Körper bis zum Schweif. Dann wechselt man auf die rechte Seite. Anschließend bürstet man das Fell in Fellrichtung mit einer groben Wurzelbürste. Die Kardätsche gibt dem Fell seinen Glanz!

**Beim Striegeln entfernt man mit kreisenden Bewegungen groben Schmutz aus dem Pferdefell.**

## Kopf und Geschlechtsteile

Das Langhaar wird mit der Bürste und danach mit dem Mähnenkamm geordnet, während die Schweifhaare nur gebürstet werden. Mit einem feuchten Schwamm wischt man vorsichtig über die empfindlichen Nüstern und Augen. After und Geschlechtsteile putzt man mit einem anderen Schwamm.

Vor und nach dem Reiten müssen die Hufe ausgekratzt werden.

Der Hufschmied kürzt regelmäßig die nachgewachsenen Hufe.

## Hufpflege

Die Hufe werden mit dem Hufkratzer ausgekratzt und – falls nötig – mit der Wurzelbürste gebürstet. Stallpferden sollte man hin und wieder die Hufe einfetten, um sie vor dem Austrocknen und vor Fäulnis zu schützen.

Du entscheidest selbst:
• Wozu gehört ein Vorderzwiesel? ➡ Seite 52/53
• Was ist ein losgelassenes Pferd? ➡ Seite 56/57

An Augen und Nüstern sind Pferde sehr empfindlich – man reinigt sie vorsichtig mit einem feuchten Schwamm.

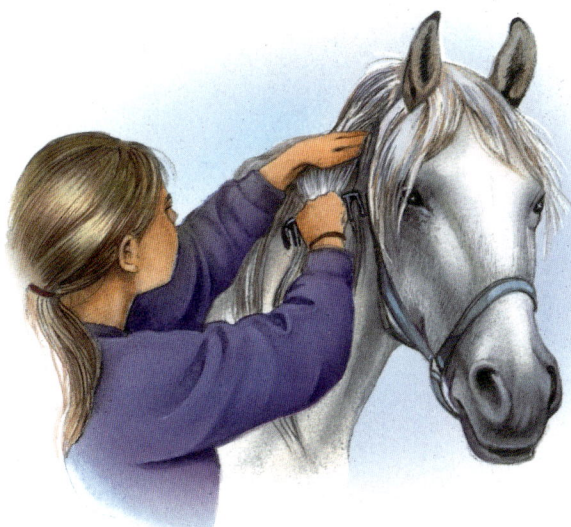

Für Turniere und besondere Wettbewerbe wird die Mähne geflochten.

Lies mal weiter!
Seite 52, 62, 70

# Rund ums Reiten

Reiten lernen ist gar nicht so schwer und macht außerdem jede Menge Spaß! Wichtig sind die passende Ausrüstung für Pferd und Reiter, gut ausgebildete Schulpferde und ein erfahrener Reitlehrer, der den Schülern die Grundlagen des Reitsports beibringt. Doch bei aller Technik, die man in der Reitschule lernt, darf man nie vergessen: Pferde sind Lebewesen, denen man mit Respekt und Zuneigung begegnen soll. Nur so wird aus Pferd und Reiter ein gutes Team!

# Ausrüstung fürs Pferd

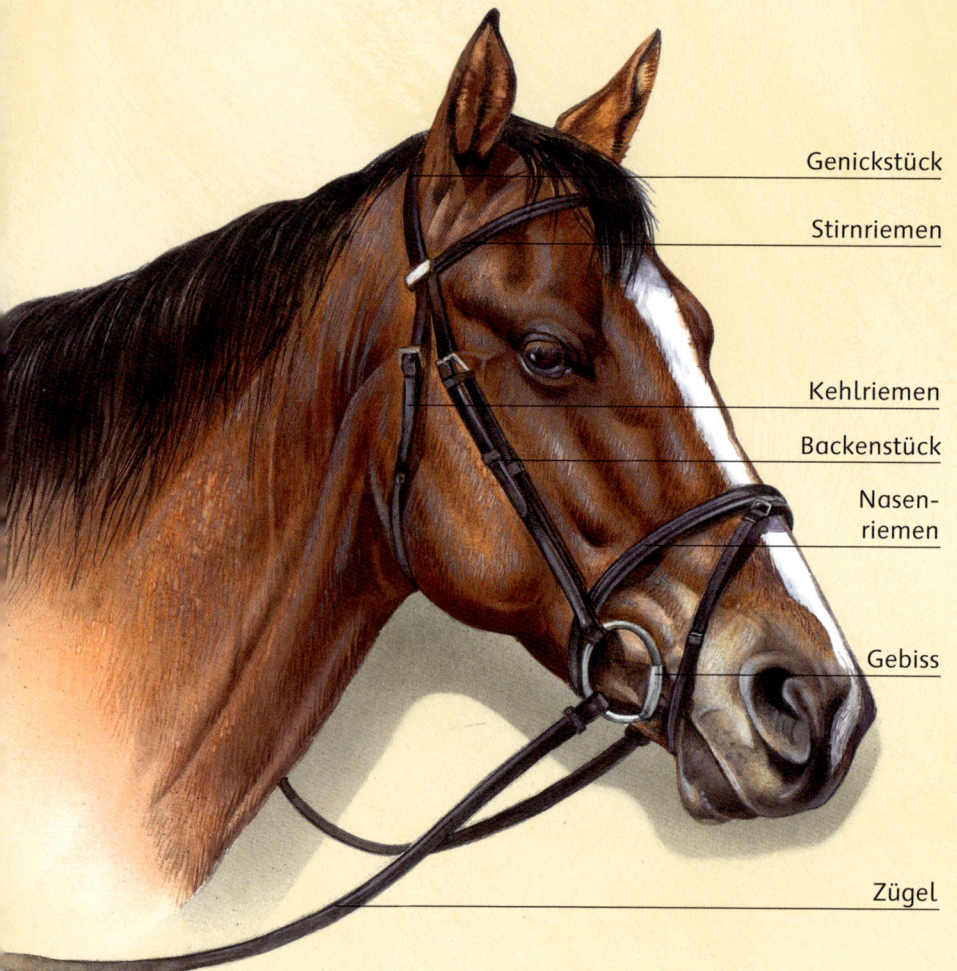

Genickstück

Stirnriemen

Kehlriemen

Backenstück

Nasen-
riemen

Gebiss

Zügel

## Zaumzeug

Das Zaumzeug ist ein Geschirr aus Leder und Metall, das dem Pferd über den Kopf gezogen wird. Dazu gehören Kopfstück und Zügel. Meist wird dem Pferd gleichzeitig ein Gebiss aus Metall, Leder oder Gummi ins Maul geschoben. Die häufigsten Gebisse sind Trensen und Kandaren.

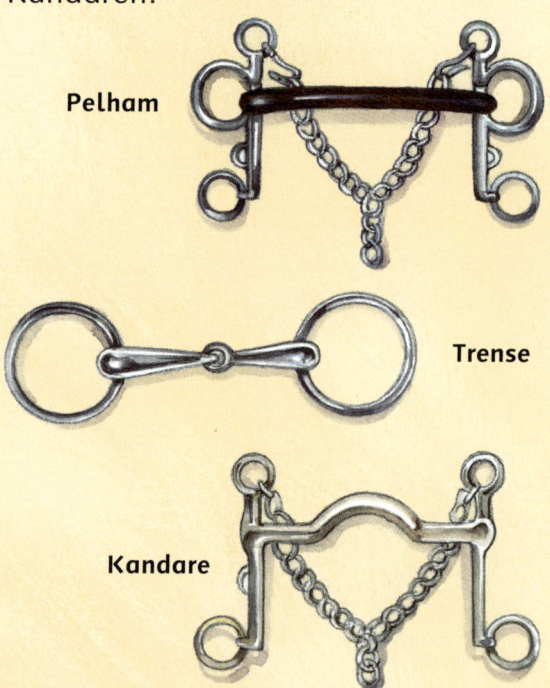

Pelham

Trense

Kandare

Die Grundausstattung für ein Reitpferd besteht aus Halfter, Zaumzeug und Sattel. Pferde lernen schon als Fohlen, ein Halfter zu tragen und sich führen zu lassen.

## Stallhalfter

Um ein Pferd oder Pony an der Hand zu führen oder anzubinden, benutzt man ein einfaches Halfter mit einem Strick. Stallhalfter gibt es aus verschiedenen Materialien. Manche sind mit Fell verstärkt, um den Kopf des Pferdes zu schützen.

## Wie lenkt man das Pferd?

Gelenkt wird mit den Zügeln des Zaumzeugs, die aus Leder oder Gurtstoff sind. Sie übertragen den Druck auf das Gebiss im Maul. Deshalb darf man nicht zu stark daran ziehen, sonst tut man dem Pferd weh. Auch über den Schenkeldruck dirigiert man das Pferd. Soll es zum Beispiel nach links gehen, übt man mit dem linken Schenkel einen leichten Druck aus.

## Vielseitigkeitssattel

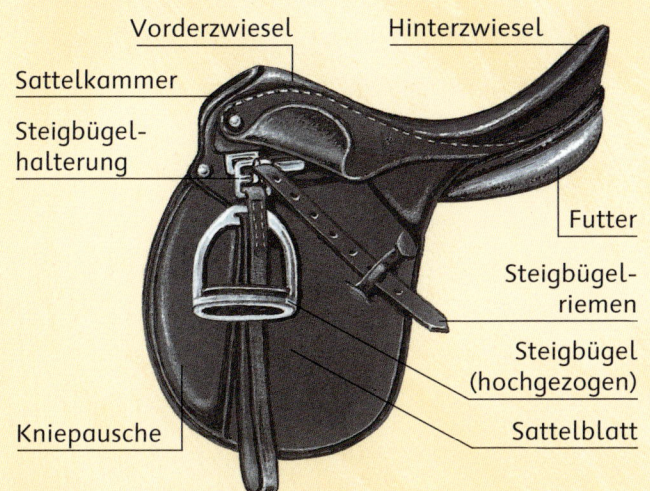

- Vorderzwiesel
- Hinterzwiesel
- Sattelkammer
- Steigbügel-halterung
- Futter
- Steigbügel-riemen
- Steigbügel (hochgezogen)
- Kniepausche
- Sattelblatt

Unter den Sattel legt man eine Satteldecke, sie schützt ihn vor Schweiß und Staub. Damit der Sattel nicht verrutscht, wird er mit Sattelgurten befestigt. Die Steigbügel erleichtern das Auf- und Absteigen und stützen die Beine beim Reiten.

**Knack den Code!**
10. Was wird unter den Sattel gelegt?
(1. Buchstabe)

## Sattel und Steigbügel

Der Sattel muss gut sitzen, sonst bilden sich Druck- und Scheuerstellen und das Pferd bekommt Rückenschmerzen. Es gibt verschiedene Sattelarten, je nach Reitsport. Am häufigsten ist der Vielseitigkeitssattel. Dressur-, Spring- und Westernreiter benutzen Spezialsättel.

**Kaum zu glauben**
Bis Anfang des 20. Jahrhunderts trugen die Frauen beim Reiten einen langen Rock.

## Berufe im Wandel der Zeit – heute: Der Sattler

Im 19. Jahrhundert waren Pferde in der Land- und Forstwirtschaft als Zug- und Arbeitstiere unentbehrlich. Doch mit der Erfindung des Traktors und anderer Maschinen gehörten sie plötzlich zum alten Eisen. Das wirkte sich auch auf den Beruf des Sattlers aus: Fertigte der Sattler früher alle möglichen Zaumzeuge und Arbeitsgeschirre für Pferde und andere Nutztiere an, so stellt er heute fast ausschließlich Reitsättel her. Das Leder wird von einer Maschine zugeschnitten, die weitere Verarbeitung ist Handarbeit!

Am Stallhalfter befestigt man den Anbindestrick.

**Lies mal weiter!**
Seite 30, 60, 68

# Ausrüstung für den Reiter

Wer reiten möchte, braucht eine spezielle Reitausrüstung: Einige Teile sind unbedingt nötig, andere kann man im Laufe der Zeit ergänzen.

### Grundausstattung

Am wichtigsten ist eine Reitkappe, die den Kopf bei Stürzen schützt. Moderne Reitkappen sind gut gepolstert, die Kinnriemen mit Kinnschutz sorgen für einen bequemen Sitz. Die Kappe muss genau passen und TÜV-geprüft sein. Für die Kleidung reichen am Anfang Gummistiefel und eine bequeme Hose, möglichst mit wenig Nähten. Die Jacke sollte wetterfest sein.

### Weitere Ausstattung

Wer häufiger reitet, kauft sich am besten eine Reithose. Sie ist an den Knien und am Po verstärkt, um Scheuerstellen zu vermeiden. Viele Reiter tragen hohe Reitstiefel aus Gummi oder Leder. So scheuern die Waden nicht an den Steigbügelriemen und die Beine sind vor Gestrüpp und Dornen geschützt. Reithandschuhe aus Baumwolle oder Leder sind zu empfehlen, weil sie Blasen verhindern und man die Zügel besser halten kann.

**Die Reitausrüstung sollte vor allem zweckmäßig sein.**

**Reitkappen sind meist mit schwarzem oder dunkelblauem Samt bezogen.**

Die Dressurreiterin trägt
die offizielle Turnier-
kleidung.

Du entscheidest selbst:
• Welches Pferd ist nach
  einem General benannt?
  ➡ Seite 12/13
• Wovon müssen Pferde
  entwöhnt werden?
  ➡ Seite 26/27

## Kleidervorschriften für Wettbewerbe

Wer an Dressur- und anderen Reit-
wettbewerben teilnimmt, muss
bestimmte Kleidervorschriften
beachten. Meistens gehören dazu:
eine dunkelblaue oder schwarze
Samtreitkappe und Reitjacke, ein
weißes Hemd mit Krawatte, eine
weiße Reithose sowie Handschuhe
und schwarze Reitstiefel. Reitgerte
und Sporen sind erlaubt. Bei hoch-
klassigen Dressurwettbewerben
müssen Reiter sogar mit Zylinder
und einer Jacke mit Schößen sowie
Weste antreten.

Auch bei Wettbewerben für Kinder
gelten Kleidervorschriften, die man in
der Ausschreibung nachlesen kann.

**Für Fortgeschrittene:**
• Boots und Minichaps
  (Ledergamaschen,
  die eng an der Wade
  anliegen) als Ersatz
  für Reitstiefel
• Turnier: weißes
  Hemd, dunkle Jacke,
  weiße Hose, Hand-
  schuhe und Helm
• Sporen – aber nur,
  wenn man verant-
  wortungsvoll damit
  umgehen kann

Lies mal weiter!
Seite 14, 18, 52

56

# Ausbildung des Pferdes

**Knack den Code!**

11. Wie nennt man die Pferdeschule? (4. Buchstabe)

Beim Longieren lernt ein Pferd, sich dirigieren zu lassen und Kommandos zu befolgen.

Damit Reiter und Pferd einander gut verstehen, sollten sie die gleiche Sprache sprechen. Diese müssen beide erst erlernen: der Reiter in der Reitschule, das Pferd oder Pony in der Pferdeschule, die man auch Ausbildung nennt.

### Der Lehrer

Seine Ausbildung sollte ein Reitpferd von einem möglichst erfahrenen Reiter bekommen. Ein solcher Ausbilder braucht viel Geduld, denn er muss auf die Persönlichkeit des Pferdes eingehen. Das A und O jeder Ausbildung ist eine harmonische und vertrauensvolle Beziehung zwischen Reiter und Pferd! Der Reiter

sollte das Pferd deshalb viel loben und immer ruhig mit ihm sprechen, damit das Pferd Vertrauen zu ihm hat.

### Erstes Eingewöhnen

Bereits ein Fohlen wird an Halfter, das Putzen und erste Stimmkommandos gewöhnt, später folgen Trense und Sattel. An der Longe, einem langen Seil, oder der Stange lernt das Pferd dann, die Beine zu beherrschen und einfache Kommandos wie Anhalten zu befolgen. Spannend ist das erste Aufsitzen, denn das Pferd muss erst üben, mit dem Reiter das Gleichgewicht zu halten.

## Grundausbildung

Während der Ausbildung übt das Pferd Schritt für Schritt die einzelnen Fertigkeiten, wie zum Beispiel das Erlernen verschiedener Gangarten und Tempos, das Anhalten und den Richtungswechsel.

## Spezialausbildung

Erst nach der Grundausbildung findet eine Spezialisierung statt: Denn ein Freizeitpferd muss andere Dinge lernen als ein Dressur- oder Springpferd. Bei der Dressur geht es zum Beispiel vor allem um exakte Bewegungsabläufe. Für Dressur- pferde ist es besonders wichtig, auf die Hilfen des Reiters richtig zu reagieren. Auch der Reiter muss beim Umgang mit dem Pferd einige Regeln beachten. Unter Experten nennt man diese Regeln Aus- bildungs- skala.

**Die Bodenarbeit gehört zu den wichtigsten Grundlagen bei der Ausbildung von Pferden.**

### Ausbildungsskala

- Takt: gleichmäßiges Laufen in den Grundgangarten
- Losgelassenheit: Pferd soll sich entspannt bewegen
- Anlehnung: harmonisches Zusammenspiel von Reiterhand und Pferdemaul
- Schwung: Üben größerer und höherer Schritte
- Gerade richten: linke und rechte Beine gleichmäßig belasten
- Versammlung: Das Gewicht des Reiters verlagert sich nach hinten.

**Lies mal weiter!**
Seite 16, 26, 58

# Aufsitzen und erste Schritte

Aufzäumen:

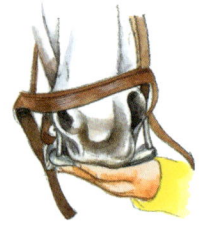

**1. Gebiss ins Maul legen**

**2. Genickstück über die Ohren streifen**

**3. Riemen schließen**

**Vor dem Reiten prüft man noch einmal den Sitz von Sattel und Zaumzeug.**

Pferde müssen sorgfältig gezäumt und gesattelt werden, denn schlecht sitzendes Zaumzeug oder ein drückender Sattel kann zu Verletzungen führen.

## Auf- und Abzäumen

Der Reiter steht links neben dem Pferd und legt den Zügel über den Kopf. Die linke Hand führt das Gebiss ins Maul, die rechte zieht das Genickstück nach oben und streift es über die Ohren. Dann schließt man die Riemen. Das Abzäumen geht in umgekehrter Reihenfolge.

## Auf- und Absatteln

Das Pferd ist festgebunden. Der Reiter legt von links die Satteldecke und dann den Sattel mit den hoch gezogenen Steigbügeln auf und prüft, ob alles richtig sitzt. Er führt den Bauchgurt unterm Pferd durch und schließt ihn locker. Erst kurz vor dem Aufsitzen zieht man ihn richtig fest und lässt die Steigbügel herunter. Abgesattelt wird auch links: Man zieht die Steigbügel hoch, löst den Gurt und hebt den Sattel herunter.

Aufsatteln:

**1. Sattel auflegen**

**2. Bauchgurt hoch nehmen**

**3. Gurt festschnallen**

**Richtig Aufsitzen:**

Der linke Fuß steigt in den Steigbügel.

Das rechte Bein schwingt über den Pferderücken.

Der Reiter lässt sich in den Sattel gleiten und sitzt aufrecht.

## Auf- und Absitzen

Aufgesessen wird von links: Der Reiter hält die Zügel in der Hand, steigt mit dem linken Fuß in den Steig- bügel und legt die andere Hand in die Mitte des Sattels. Nun stößt er sich mit dem rechten Fuß kräftig ab und schwingt das Bein über den Pferderücken. Zuletzt schiebt er den rechten Fuß in den Steigbügel und nimmt die Zügel auf. Abgestiegen wird auch links.

Die Zügel liegen zwischen kleinem Finger und Ring- finger, Daumen und Zeigefinger halten sie fest.

## Erste Schritte

Die ersten Schritte auf dem Pferd macht jeder Reitschüler an der Longe. Die Longe ist etwa 8 Meter lang und wird mit einem Haken am Zaumzeug befestigt. Das Pferd wird an diesem langen Seil geführt, bis der Schüler locker sitzt und einfache Hilfen beherrscht. Dazu gehören zum Beispiel die richtige Führung der Zügel und der Einsatz der Schenkel.

Hallo Micha,

stell dir vor, wir wurden gestern beim Reiten ge- filmt. Mann, war das pein- lich! Da sieht man erst, wie schief man auf dem Pferd hängt. Weil ich nicht an den Schenkeldruck gedacht habe, saß ich wie auf einem schwankenden Schiff. Aber den anderen ging's auch nicht viel besser. Übung macht den Meister.

Bis bald, Simon

An
Michae
Schuhm
20257

Du entscheidest selbst:
• Wie versöhnen sich Pferde?
➡ Seite 20/21
• Wer ist das Leichtgewicht unter den Pferden?
➡ Seite 34/35

**Lies mal weiter!**
Seite 26, 48, 54

# Grundgangarten

Je nachdem wie schnell ein Pferd läuft, ändert sich der Bewegungsablauf der Beine. Man nennt das Gangarten. Es gibt drei Grundgangarten – Schritt, Trab, Galopp – sowie einige Spezialgangarten.

## Der Schritt

Pferde und Ponys gehen am liebsten im Schritt, weil diese Gangart am wenigsten anstrengend ist. Der Schritt ist ein Viertakt, das Pferd tritt mit jedem Bein einzeln auf.

## Der Trab

Pferde und Ponys traben, wenn sie zügig kürzere Strecken zurücklegen möchten. Der Trab ist ein Zweitakt: Die diagonal liegenden Beine berühren gleichzeitig den Boden. Beim schnellen Trab gibt es eine Schwebephase: Kein Bein berührt dabei den Boden.

## Der Galopp

Galopp ist die schnellste Gangart. Pferde bevorzugen in der Regel Trab oder Schritt. Galopp ist ein Dreitakt, man unterscheidet Rechts- und Linksgalopp. Beim Rechtsgalopp bewegt ein Pferd erst das linke Hinterbein, dann das rechte Hinterbein und das linke Vorderbein gleichzeitig und zuletzt das rechte Vorderbein. Beim Linksgalopp ist es umgekehrt. Ein galoppierendes Pferd sieht ein wenig so aus, als würde es springen. Für Reitanfänger ist der schnelle Galopp noch schwierig, erfahrene Reiter aber lieben ihn.

**Im gemütlichen Schritt geht es über das Feld.**

**Schritt**

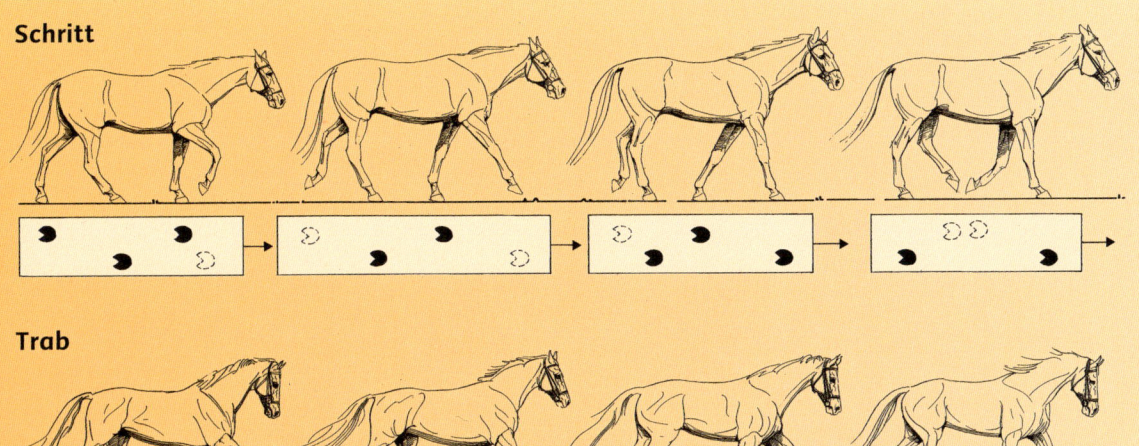

**Trab**

**Galopp**

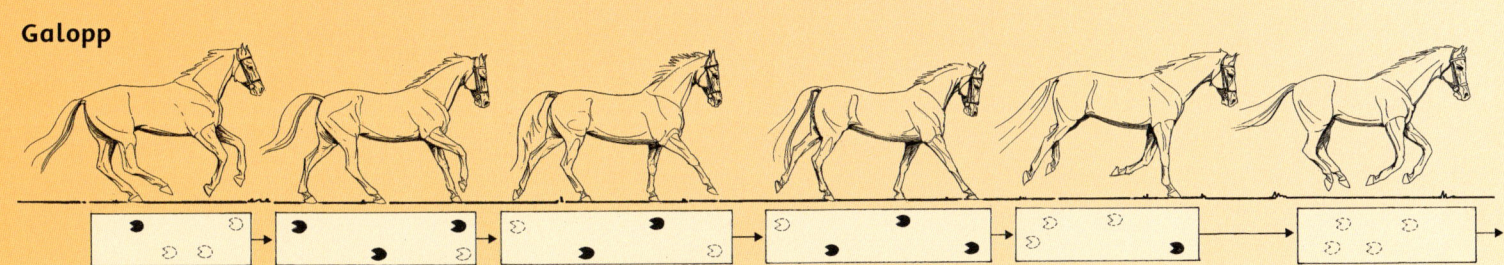

**Phasen der drei Grundgangarten**

Hier sieht man genau, wie in den Gangarten die Beine aufgesetzt werden. Darunter wird die dazugehörige Huffolge abgebildet. Die auftretenden Hufe sind dunkel markiert.

## Spezialgangarten

Neben den Grundgangarten gibt es einige Spezialgangarten: „Tölt" ist ein schnell gelaufener Schritt. Der „Pass" oder „Passgang" ist eine Gangart im Zweitakt, dabei werden die Beine einer Seite gleichzeitig bewegt. Tölt und Pass sind typisch für Islandpferde. Weniger verbreitet sind „Foxtrott", dessen Bewegungen an einen Tanz erinnern, und „Running Walk", ein sehr schneller Lauf im Viertakt.

## Gangarten bei wild lebenden Pferden

Wildpferde haben unterschiedliche Gangarten entwickelt, um in der Natur möglichst gut zu überleben. Schritt ist die typische Gangart bei Nahrungssuche. Das Pferd setzt einen Huf vor den anderen, um in aller Ruhe Gräser und Kräuter zu fressen. Trab benutzen die Pferde, wenn sie bei Wintereinbruch oder Futtermangel schnell eine neue Weide finden müssen. Galopp dient der Flucht vor Feinden.

**Knack den Code!**
12. Welche Pferde beherrschen den Tölt?
(5. Buchstabe)

**Lies mal weiter!**
Seite 34, 62, 68

# Reithalle und Gelände

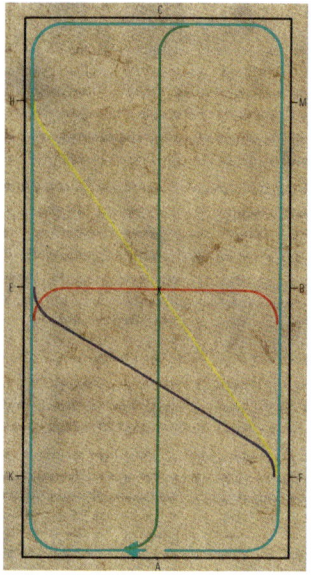

- • **Ganze Bahn**
- • **Halbe Bahn**
- • **Durch die Bahn wechseln**
- • **Durch die halbe Bahn wechseln**
- • **Durch die Länge der Bahn wechseln**

Sobald ein Reitschüler den korrekten Sitz und einfache Kommandos beherrscht, lernt er die Regeln für die Reitbahn in der Reithalle oder auf dem Reitplatz. Sie sind nötig, damit mehrere Reiter dort gleichzeitig reiten können.

## Bahnregeln und Hufschlag

Aufgestiegen wird grundsätzlich erst an der Mittellinie der Reitbahn. Jede Reitbahn hat zwei lange und zwei kurze Seiten. Die Wege in der Bahn nennt man „Hufschlag". Der Pfad am äußeren Rand ist der erste

Hufschlag, der zweite Hufschlag verläuft etwas weiter innen. Wer auf der linken Seite reitet hat Vorfahrt: Der auf der rechten Seite entgegenkommende Reiter weicht auf den zweiten Hufschlag aus.

## Die wichtigsten Hufschlagfiguren

Will ein Reiter auf der Reitbahn die Richtung ändern, muss er bestimmte Pfade einhalten, die „Hufschlagfiguren". Es gibt einfache Hufschlagfiguren zum Bahnwechseln und schwierigere wie den Zirkel.

**Ampeln gelten auch für Reiter.**

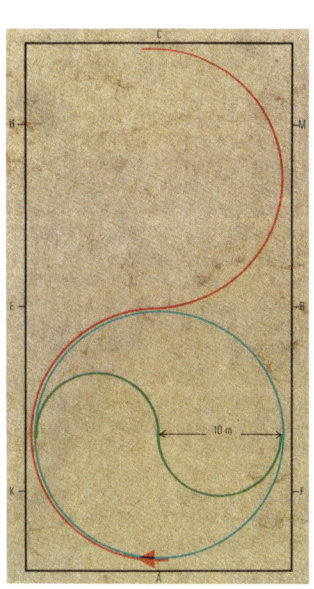

- • **Auf dem Zirkel**
- • **Aus dem Zirkel wechseln**
- • **Durch den Zirkel wechseln**

Beim Ausreiten in der Gruppe nimmt man Rücksicht auf schwächere Reiter.

## Reiten im Gelände

Wer die Grundgangarten beherrscht und sicher im Sattel sitzt, darf auch im freien Gelände reiten. Der erste Ausritt wird immer vom Reitlehrer begleitet. Man reitet hinter- oder zu zweit nebeneinander und hält genügend Abstand. Auf öffentlichen Straßen bleiben Reiter auf der rechten Straßenseite. Verkehrzeichen und Ampeln gelten natürlich auch für sie. Wenn ein Pferd beim Ausritt scheut oder durchgeht, muss der Reiter ruhig bleiben und das Pferd in eine langsamere Gangart führen.

10. Oktober

Heute war mein erster Ausritt! Ich hab mich so darauf gefreut. Aber das war dann gar nicht so toll. Mein Pony hatte gar keine Lust, ich musste es dauernd antreiben. Auf dem

Rückweg lief checky dann von selbst zurück in den Stall.
Der Reitlehrer hat mir dann gesagt, dass das oft passiert und „Stalldrang" heißt.

Du entscheidest selbst:
• Warum „flehmt" ein Pferd?
➡ Seite 28/29
• Wer hat den Spitznamen „Blonde" aus dem Süden?
➡ Seite 40/41

**Lies mal weiter!**
Seite 12, 28, 50

# Pferdesportarten

Wer sich auf dem Pferderücken sicher fühlt und das Reiten in der Halle und im Gelände beherrscht, hat vielleicht Lust auf mehr. Es gibt einige Pferdesportarten, die den Reiter und das Pferd mehr fordern und große Disziplin verlangen. Beispiele sind Dressur- und Springreiten und Trab- und Galopprennen.

# Dressurreiten

Pferde bewegen sich von Natur aus anmutig. Beim Dressurreiten werden die Bewegungen verfeinert – die verschiedenen Figuren müssen äußerst harmonisch ausgeführt werden. Das verlangt ein langes und zeitaufwändiges Training. Jede erwünschte Reaktion wird belohnt, die unerwünschten werden nicht beachtet oder notfalls bestraft. Das Dressurreiten als Sport ist Ende des 19. Jahrhunderts in Militärkreisen entstanden.

**Bei der Kapriole springt das Pferd nach oben und schlägt mit der Hinterhand aus.**

## Hilfen

Pferde oder Ponys lernen beim Dressurreiten auf feine Signale, die Hilfen, zu reagieren und die gewünschten Figuren auszuführen.

Das ist anstrengend und erfordert hohe Konzentration – sowohl vom Reiter als auch vom Pferd.

## Lektionen

Die Dressuraufgaben bestehen aus mehreren Lektionen, die nacheinander ausgeführt werden. Das Pferd bewegt sich dabei in den Grundgangarten Schritt, Trab und Galopp auf verschiedenen Bahnen vorwärts, seitwärts oder auch rückwärts. Dressurfiguren sind zum Beispiel die Traversale, bei der das Pferd gleichzeitig vorwärts und seitwärts geht, oder die Piaffe, bei der das Pferd fast auf der Stelle trabt.

**Vor der Dressurarbeit werden die Pferde warm geritten.**

**Liste der Dressurprüfungen**

**E-Prüfung:** für Einsteiger
**A-Prüfung:** für Anfänger
**L-Dressur:** relativ leichte Dressur
**M-Dressur:** mittelschwere Dressur
**S-Dressur:** schwere Dressur

**Knack den Code!**
13. Bei welcher Figur trabt das Pferd fast auf der Stelle?
(1. Buchstabe)

Dressuraufgaben bestehen aus Lektionen, die nacheinander gezeigt werden.

## Turniere

Auf Turnieren können Reiter und Pferde zeigen, welche Figuren sie beherrschen. Bei diesen Dressurprüfungen bekommen sie Noten von 0 (nicht gezeigt) bis 10 (ausgezeichnet). Bewertet werden der korrekte Dressursitz und die Hilfengebung beim Reiter. Beim Pferd geht es vor allem um die korrekte Ausführung der Lektionen. Die Dressurprüfungen unterscheiden sich in ihren Anforderungen und bauen aufeinander auf. Seit einiger Zeit gibt es zusätzlich zu den Reitprüfungen noch eine Kür, die von den Teilnehmern nach eigenen Vorstellungen gestaltet werden kann.

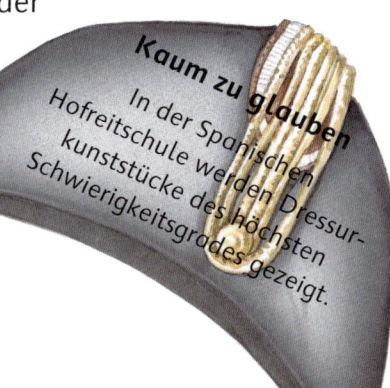

**Kaum zu glauben**
In der Spanischen Hofreitschule werden Dressurkunststücke des höchsten Schwierigkeitsgrades gezeigt.

Die Spanische Hofreitschule heißt so, weil sie 1572 mit Pferden aus Spanien gegründet wurde.

**Lies mal weiter!**
Seite 10, 24, 36

# Springreiten

**Phasen beim Sprung**

**1. Anreiten:
im Trab oder Galopp**

**2. Absprung:
Die Vorderbeine sind
in der Luft.**

**3. Schwebephase:
Das Pferd streckt sich
in der Luft.**

**4. Landung:
erst ein Vorderbein nach
dem anderen, dann die
Hinterbeine**

Die Ausbildung zum Sprungpferd ist langwierig – sie beginnt im Alter von vier bis fünf Jahren.

## Cavaletti

Zuerst wird das Pferd ans Springen gewöhnt. Dazu nimmt man kleine Hindernisse, „Cavaletti", was auf italienisch „Pferdchen" heißt.

## Verschiedene Sprünge

Es gibt verschiedene Arten von Sprüngen: Bei Weitsprüngen muss das Pferd möglichst weit springen, bei Hochsprüngen ein hohes Hindernis überwinden. Klassische Hindernisse sind das Rick mit mehreren Stangen und die Mauer aus übereinander gelegten Holzblöcken.

Ein typischer Weitsprung ist der Wassergraben. Besonders schwierig sind Hoch-Weitsprünge.

## Springwettbewerbe

Bei Springwettbewerben müssen Reiter und Pferd verschiedene Hindernisse der Reihe nach überwinden. Die Abfolge der zehn bis fünfzehn Hindernisse heißt Parcours. Vor dem Rennen dürfen die Reiter den Parcours zu Fuß abgehen, um sich einen Eindruck zu verschaffen. Das Springreiten entwickelte sich aus dem Jagdreiten, erste Wettbewerbe fanden in der zweiten Hälfte des 19. Jahrhunderts statt.

**Bei der Cavaletti-Arbeit wird das Pferd an Hindernisse gewöhnt.**

**Hindernisse:**

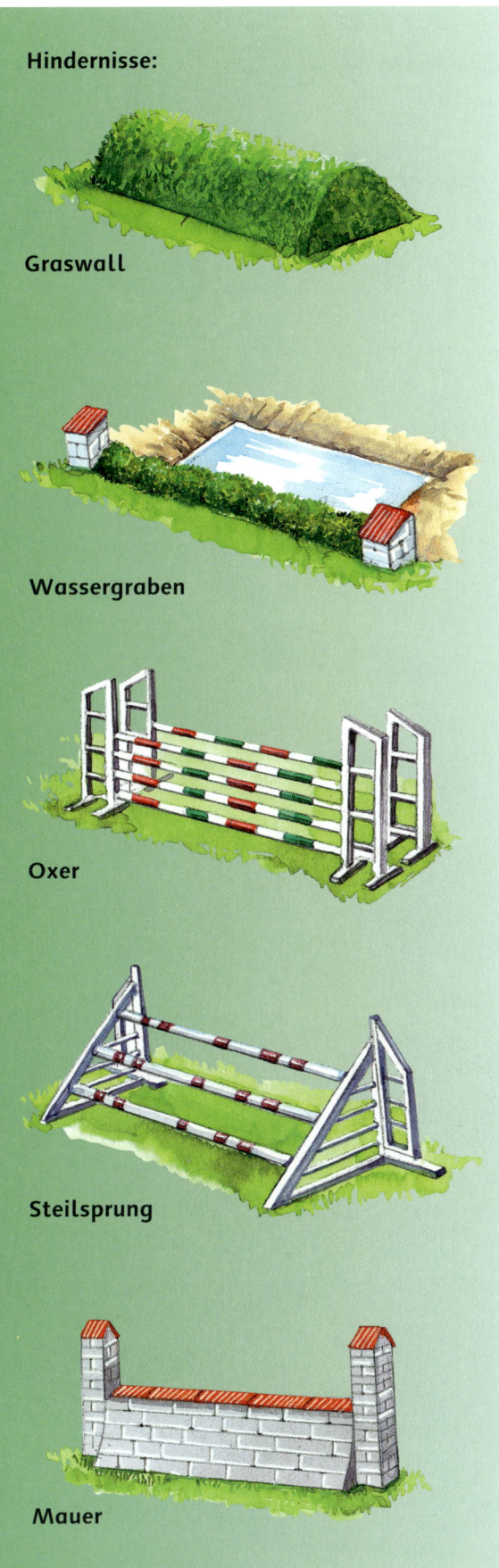

Graswall

Wassergraben

Oxer

Steilsprung

Mauer

Beim Springreiten sollten Reiter und Pferd harmonisch und optimal zusammenarbeiten.

### Knack den Code!

14. Wie heißen die kleinen Hindernisse, mit denen man Pferde ans Springen gewöhnt?

(9. Buchstabe)

**Kaum zu glauben**

Der heute noch gültige Hochsprungrekord von 2,47 m wurde 1949 aufgestellt!

## Wer gewinnt?

Der Reiter gewinnt, der den Parcours mit den wenigstens Strafpunkten reitet. Außerdem darf die für den Parcours erlaubte Zeit nicht überschritten werden. Strafpunkte gibt es, wenn beim Sprung Hindernisteile abgeworfen werden, das Pferd vor dem Hindernis stehen bleibt, also sich verweigert, oder die erlaubte Zeit überschritten wird. Bei gleicher Punktzahl entscheidet die kürzere Zeit oder man lässt die Konkurrenten noch einmal auf einem verkürzten Parcours gegeneinander antreten. Wer stürzt, scheidet aus.

**Lies mal weiter!**
Seite 36, 46, 60

# Trab- und Galopprennen

Pferderennen sind seit dem 19. Jahrhundert eine beliebte Freizeitbeschäftigung der Menschen. Finanziert werden sie noch heute zum Großteil durch Pferdewetten, die von begeisterten Zuschauern abgeschlossen werden. Eine besondere Attraktion ist das Derby, die schwerste und wichtigste Prüfung im Rennsport.

## Schnell, schneller, am schnellsten

Da das Tempo bei Pferderennen entscheidend ist, begann man bald, immer schnellere Pferde zu züchten, wie zum Beispiel das Englische Vollblut oder den Traber für die Trabrennen.

**Die Distanzen beim Galopprennen liegen zwischen 1000 und 4000 m.**

## Trabrennen

Bei diesem Pferderennen zieht das Pferd einen kleinen, zweirädrigen Wagen, den Sulky, in dem der Reiter sitzt. Das Pferd darf nur im Trab laufen, verfällt es in Galopp, scheidet es aus. Die Pferde können Geschwindigkeiten bis zu 60 Kilometer in der Stunde erreichen! Die Distanzen beim Trabrennen liegen zwischen 1100 und 4200 Metern.

# Wieder Skandal beim Galopprennen!

**Mannheim/**Das Siegerpferd beim Großen Preis von Mannheim am vergangenen Wochenende war gedopt und wurde nachträglich disqualifiziert. Wie erst heute bekannt wurde, hatte man ihm vor dem Rennen Amphetamin gegeben. Dieser Doping-Wirkstoff lässt Pferde bis zur völligen Erschöpfung und nicht selten bis zum Herzstillstand laufen! Leider kommt es gerade beim Pferderennen immer wieder zu Doping-fällen – die hohen Wetteinsätze verführen scheinbar dazu, dem Sieg etwas nachzuhelfen.

## Galopprennen

Die ersten Galopprennen in Deutschland fanden im Jahr 1822 in Mecklenburg statt. Man unterscheidet zwischen Flachrennen ohne Hindernisse und Hindernisrennen. Hierbei müssen Pferde und Reiter eine bestimmte Anzahl von Hindernissen überwinden. Bei Flachrennen erreichen die Pferde eine Geschwindigkeit von bis zu 80 Kilometern in der Stunde!

Du entscheidest selbst:
- Welche Pferde sind die Stars beim Galopprennen?
➡ Seite 34/35
- Wie wird aufgesattelt?
➡ Seite 58/59

**Lies mal weiter!**
Seite 22, 40, 54

**Leserätsel**: Trage die Lösungsbuchstaben der Fragen von 1 bis 14 in die Kästchen auf der Schatzkarte ein.

START

7

1

6

14

12

10

8

Trage hier das richtige Lösungswort ein!
Die Zahlen unter den Kästchen zeigen an, von welcher Frage der Buchstabe stammt.

| | | | | | | | | | | | | | |
|---|---|---|---|---|---|---|---|---|---|---|---|---|---|
| 6 | 7 | 1 | 11 | 9 | 14 | 12 | 8 | 10 | 13 | 2 | 4 | 3 | 5 |

▶ Auflösung siehe Seite 80

# Die wichtigsten Pferderassen

## Vollblüter

- Stockmaß: 145–170 cm, leicht gebaut
- Temperament: lebhaft, schnell
- Verwendung: Galopprennen

**Wichtigste Pferderassen:**
- ► Achal-Tekkiner
- ► Arabisches Vollblut
- ► Englisches Vollblut
- ► Irisches Vollblut
- ► Berber

## Warmblüter

- Stockmaß: 162–175 cm, leicht bis mittelschwer gebaut Temperament: lebhaft
- Verwendung: Dressur- und Springreiten, Freizeitpferd

**Wichtigste Pferderassen:**
- ► Friese
- ► Gelderländer
- ► Hackney
- ► Hannoveraner
- ► Holsteiner
- ► Kladruber
- ► Lipizzaner
- ► Oldenburger
- ► Salerner
- ► Trakehner
- ► Westfale
- ► Württemberger Warmblut

## Kaltblüter

- Stockmaß: 155–195 cm, schwer gebaut
- Temperament: ruhig, gelassen
- Verwendung: Arbeitspferde

**Wichtigste Pferderassen:**
- ► Ardenner
- ► Belgier
- ► Brabanter
- ► Bretone
- ► Clydesdale
- ► Cob Norman
- ► Comtois
- ► Jütländer
- ► Noriker
- ► Percheron
- ► Schwarzwälder Fuchs
- ► Shire-Horse

## Kleinpferde

- Stockmaß: 135–147,3 cm
- Temperament: freundlich, robust
- Verwendung: Reit- und Zugpferde

**Wichtigste Pferderassen:**
- ► Haflinger
- ► Camargue-Pferd
- ► Fjord-Pferd
- ► Dülmener Wildpferd
- ► Tinker

## Ponys

- Stockmaß: 87–107 cm
- Temperament: freundlich, robust
- Verwendung: Reit- und Zugpferde

**Wichtigste Pferderassen:**
- ► Shetland-Pony
- ► Dartmoor-Pony
- ► Island-Pony
- ► Exmoor-Pony
- ► Connemara-Pony
- ► Welsh-Pony
- ► New-Forest-Pony

# Internetadressen

### Suchmaschinen
http://www.milkmoon.de/
http://www.blinde-kuh.de/
http://www.trampeltier.de/
http://www.helles-koepfchen.de/
http://www.kindercampus.de/clikks/
http://pferde.yellopet.de/
http://www.pferde-links.de/index.asp

### Wissen zu Pferden und Ponys
http://www.welt-der-pferde.de/rassen.htm
http://www.pferde-rassen.de/index.htm
http://www.reiterjugend.de/
http://www.pferde-pferderassen.de/
http://www.ride4fun.de/
http://www.pferdetipps-fuer-kids.de/
http://www.hallo-pferd.de/
http://www.pferderassen-verzeichnis.de/
http://www.werde-wesentlich.de/pferde/
http://www.reiterwissen.de/
http://www.fn-kids.de

### Alles rund ums Reiten
http://www.geo.de/GEOlino/natur/tiere/
  2309.html
http://www.spanische-reitschule.com/
http://www.kindernetz.de/infonetz/thema/
  reiten
http://www.kidsweb.at/Aktiv-Zeit/Sport/
  index.php?page=Reiten
http://www.reiterwissen.de/inhalte/
  freizeitreiten.shtml

### Suchportal Reitausbildung
http://www.reiten.de/ausbildung.html

### Reitabzeichen
http://www.fn-kids.de/isy.net/servlet/
  broadcast/pm_reitabzeichen.html
http://www.berliner-reit-klub.de/
http://www.reiten.de/test-Reitabzeichen/
  dt.asp

### Suchportale Reiterferien
http://www.reiten.de/urlaubundfreizeit.
  html
http://pferde.yellopet.de/
  reiturlaub_reiterreisen.htm
http://www.hallo-pferd.de/f/reiterferien/

### Suchportal Reitvereine
http://pferde.yellopet.de/
  vereine_verbaende_clubs.htm

### Suchportale Reiterhöfe
http://www.hallo-pferd.de/
  reiten-reiterhoefe/
http://www.reiterhof-suchen.de/

### Reitsport
http://www.dressageworld.de/
  dressurgeschichte/1/home.htm
http://www.reiterwissen.de/inhalte/
  dressurreiten.shtml
http://www.springreiten-navigator.de/
http://www.springreiten.de/indexhome.
  html
http://www.reiterwissen.de/inhalte/
  springreiten.shtml

# Worterklärungen

**Aalstrich** Dunkler Strich auf dem Pferderücken, der sich über den Rücken bis zum Schweif zieht

**Abzeichen** Im Unterschied zur Fellfarbe anders gefärbte Körperstellen des Pferdes, meist am Kopf oder an den Beinen. Häufige Abzeichen am Kopf: Blesse, Flocke und Milchmaul.

**Blesse** Weißer Streifen an der Stirn des Pferdes

**Cavaletti** Kleine Hindernisse am Boden, mit denen ein Pferd oder Pony an das Springen gewöhnt wird

**Exterieur** Das äußere Erscheinungsbild eines Pferdes und der Körperbau (auch „Gebäude" genannt)

**Falbe** Pferd mit hellbraunem Fell und schwarzem Langhaar

**Flocke** Weißer Punkt an der Stirn des Pferdes

**Fuchs** Pferd mit bräunlichem Fell und braunem bis blondem Langhaar

**Galopp** Dreitakt. Man unterscheidet zwischen Rechts- und Linksgalopp. Beim Rechtsgalopp z. B. fußt das Pferd erst mit dem linken Hinterbein, dann gleichzeitig mit dem rechten Hinterbein und dem linken Vorderbein und danach mit dem rechten Vorderbein auf. Beim Linksgalopp ist es umgekehrt.

**Gebiss** Aus Leder, Metall oder Gummi bestehendes Stück des Zaumzeugs, das dem Pferd oder Pony ins Maul geschoben wird. Der Reiter wirkt mit dem Gebiss auf Zunge, Maulwinkel und den zahnfreien Teil des Unterkiefers ein. Die häufigsten Gebisse sind Trensen und Kandaren.

**Grundfutter** Futter für Pferde und Ponys, bestehend aus Gras, Blättern, Kräutern und Heu

**Grundgangart** Schritt, Trab und Galopp

**Halfter** Zaum ohne Gebiss, der locker am Pferdekopf liegt. Man benutzt ein Halfter, um Pferde oder Ponys an der Hand zu führen oder anzubinden. Am Halfter können Stricke eingehakt werden.

**Harem** Eine kleine Pferdefamilie. Dazu gehören immer ein Hengst, ein bis zwei Stuten mit ihren Fohlen und die ein- bis zweijährigen Jungtiere.

**Hinterhand** Teil der Pferdekörpers, der sich hinter dem Reiter befindet (Kruppe und Hinterbeine)

**Hinterzwiesel** Der höhere hintere Teil des Sattels

**Hufschlag** Wege am Rand der Reitbahn. Der erste Hufschlag ist der Pfad am äußeren Rand der Bahn, der zweite Hufschlag verläuft etwas weiter innen.

**Hufschlagfigur** Pfade auf der Reitbahn, z. B. Bahnwechseln, Schlangenlinien oder Zirkel

**Jährling** Ein einjähriges Pferd

**Kaltblut** Eine der vier Hauptgruppen der Pferderassen. Kaltblüter sind große, schwere und leistungsstarke Arbeitspferde und haben ein ruhiges Temperament. Bekannte Kaltblüter sind Ardenner, Shire-Horse, Schwarzwälder Fuchs, Belgier und Percheron.

**Kandare** Eine Form der Zäumung. Die Kandare wirkt stärker auf das Pferdemaul ein als die Trense, deshalb kann der Reiter feinere Hilfen mit ihr geben. Sie wird oft für die höhere Dressur eingesetzt.

**Kardätsche** Pferdebürste, die dem Fell Glanz verleiht

**Kötenbehang** Haarbüschel an den Fesselgelenken von Pferden (meist bei Kaltblütern)

**Kraftfutter** Neben dem Grundfutter ergänzendes Futter für Pferde und Ponys bestehend aus Maisflakes, Pellets und Getreide

**Kruppe** Rücken des Pferdes zwischen Kreuz- und Schweifansatz

**Langhaar** Mähne, Schopf und Schweif des Pferdes

**Losgelassenheit** Eines der Ziele des Dressurreitens, das Pferd bewegt sich entspannt und gelöst.

**Milchmaul** Weiße Färbung um das Maul des Pferdes

**Mittelhand** Teil des Pferdekörpers, der sich unter dem Reiter befindet (Rücken und Bauch)

**Parcours** Abfolge von zehn bis fünfzehn Hindernissen bei einem Springwettbewerb

**Pelham** Eine Form der Zäumung. Gebiss mit Gelenken und Kinnkette, kann mit zwei oder vier Zügeln verwendet werden

**Pellets** Getrocknetes und gepresstes Pferdefutter aus Getreide und weiteren pflanzlichen Produkten

**Pferderasse** Nach Körperbau und Temperament wurden die Rassen in vier Hauptgruppen eingeteilt: Kaltblüter, Warmblüter, Vollblüter, Ponys und Kleinpferde.

**Pony und Kleinpferd** Eine der vier Hauptgruppen der Pferderassen. Die robusten und freundlichen kleinen Pferde – sie sind alle kleiner als 147,3 Zentimeter Stockmaß – stammen von kleinen Wildpferden aus dem Norden ab. Sie werden meist als Reit- und Zugpferde eingesetzt.

Bekannte Kleinpferde sind Haflinger und Camargue-Pferd, bekannte Ponys sind Shetland-Ponys, Dartmoor- und Island-Ponys.

**Przewalski-Pferd** Das einzige heute noch lebende echte Wildpferd. Seinen Namen verdankt es dem General Przewalski, der die Pferde in der Mongolei entdeckte und sie vor dem Aussterben rettete. Typische Kennzeichen sind das hellbraune Fell, die schwarze Färbung von Beinen, Mähne und Schweif, die Stehmähne und der Aalstrich auf dem Rücken.

**Rangordnung** In einer Herde fest-gelegte Ordnung: Der Leithengst führt die Herde an und nur er darf sich mit den Stuten seiner Herde paaren. Die Leitstute ist das rang-höchste weibliche Tier in der Herde. Diese Ordnung ist aber nicht starr, sondern kann sich immer wieder ver-ändern. So wird der alte Leithengst von seinem Platz vertrieben, wenn ihn ein Junghengst in einem Kampf besiegt hat.

**Rappe** Pferd mit schwarzem Fell und schwarzem Langhaar

**Robusthaltung** Natürliche Pferde-haltung. Die Tiere sind das ganze Jahr über im Freien auf einer Weide mit ausreichend Futter und Wasser und einem Unterstand (Offenstall).

**Rückepferde** Pferde, die auch heute noch bei der Waldarbeit eingesetzt werden

**Saftfutter** Neben dem Grundfutter ergänzendes Futter für Pferde und Ponys, bestehend aus Apfel- und Karottenstückchen

**Schimmel** Pferd mit hellgrau-weißem Fell und weißem Langhaar

**Schopf** Teil der Mähne zwischen den Ohren

**Schritt** Viertakt. Das Pferd setzt mit jedem Fuß einzeln auf.

**Schwung** Eines der Ziele des Dressurreitens, die Hinterbeine des Pferdes fußen energisch ab.

**Spezialgangart** Typisch bei Island-Ponys: Tölt (schnell gelaufener Schritt) und Passgang (Pferd setzt die Beine einer Seite gleichzeitig auf)

**Stockmaß** Die Höhe eines Pferdes am Widerrist, die mit einer Messlatte gemessen wird

**Sulky** Leichter, zweirädriger Wagen, in dem ein Fahrer beim Trabrennen sitzt

**Takt** Gleichmäßige Bewegung des Pferdes in den Grundgangarten

**Tarpan** Wildpferd, das ausgestorben war und inzwischen rückgezüchtet worden ist

**Trab** Zweitakt. Das Pferd berührt mit den diagonal laufenden Beinen den Boden (z. B. vorne links und hinten rechts).

**Trense** Eine Form der Zäumung. Die Trense hat in der Mitte ein Gelenk und ist im Pferdemaul beweglich. Sie ist vor allem für Reitanfänger gut geeignet, da die Einwirkung auf das Pferdemaul sehr „weich" ist.

**Übergang** Wechsel von einer Gang-art in einer andere

**Urpferd** Ausgestorbener Vorfahr der heute lebenden Pferde. Eohippus lebte vor 50 Mio. Jahren und war nicht größer als ein Fuchs. Meso-hippus entwickelte sich vor 25 Mio. Jahren, seine Nachkommen waren Merychippus (vor 12 Mio. Jahren) und Pliohippus (vor 3 Mio. Jahren).

**Versammlung** Das Pferd befindet sich in völligem Gleichgewicht, die Vorderbeine sind leicht entlastet, seine Hinterbeine unter den Körper gesetzt, und der Hals ist schön gewölbt.

**Vollblut** Eine der vier Hauptgruppen der Pferderassen und die älteste Pferderasse der Welt. Vollblüter sind lebhafte, elegante und schnelle Pferde, die meist als Rennpferde eingesetzt werden. Die wichtigsten Rassen sind das Arabische und das Englisches Vollblut. Der Vollblut-araber gilt als Vorfahre aller anderen Vollblüter.

**Vorderzwiesel** Der vordere (hohe) Teil des Sattels

**Warmblut** Eine der vier Haupt-gruppen der Pferderassen. Warm-blüter entstanden durch Kreuzung verschiedener Rassen, v. a. mit dem Englischen Vollblut. Es sind leb-hafte Pferde, die als Freizeit-, Dres-sur- und Springpferde eingesetzt werden. Bekannte Warmblüter sind Hannoveraner, Holsteiner, Lipizzaner, Quarter Horse und Trakehner.

**Widerrist** Der erhöhte vordere Teil des Rückens beim Pferd. Am Wider-rist wird die Höhe des Pferdes gemessen.

**Wildpferd** Es entwickelte sich vor mehr als 1 Mio. Jahren aus dem Urpferd. Unser heutiges Pferd stammt von den drei verschiedenen Wild-pferden ab: dem Wald- und Steppen-tarpan (ausgestorben) und dem noch heute lebenden Przewalski-pferd. Weitere heute noch halb wild lebende Pferde und Ponys: Camargue-Pferde in Frankreich, Dül-mener Wildpferde in Deutschland, Dartmoor-Ponys in England und Mustangs in den USA.

**Zaumzeug** Geschirr aus Leder und Metall, das dem Pferd über den Kopf gezogen wird. Zum Zaumzeug gehören Kopfstück, Gebiss und Zügel.

# Register

**Bildnachweis**

© iStockphoto: Umschlagfoto M.l. (ElementalImaging),
Umschlagfoto u.l. (Alina Pavlova), Umschlagfoto u.r. (Frank Leung),
Seite 37, 54 u. (cynoclub), 64/65 (melhi)
Tierfoto Sabine Stuewer: Seite 16, 20, 23, 27, 32, 34, 42/43, 67 o., 71
Junior/Juniors Tierbildarchiv: Seite 13, 25, 30/31, 40, 44, 47, 48, 55 o.,
60, 66
Tierfotoagentur/R. Richter: Seite 28
Pixelquelle: Seite 35 r. und l.
Edgar R. Schoepal: Seite 54 o., 55 u., 58, 63 u., 68, 69
Digitalstock/E. Nast: Seite 57
Wikipedia: Seite 35 M. beide
Archiv Boiselle: Seite 36, 41, 50, 56, 63 o.
Spanische Hofreitschule, Bundesgestüt Piber GöR, Wien: Seite 67 u.

Bibliografische Information der Deutschen Nationalbibliothek

Die Deutsche Nationalbibliothek verzeichnet diese Publikation in der
Deutschen Nationalbibliografie; detaillierte bibliografische Daten
sind im Internet über **http://dnb.d-nb.de** abrufbar.


4 3 2 1    15 14 13 12

© 2012 Ravensburger Buchverlag Otto Maier GmbH
Postfach 1860, 88188 Ravensburg
Alle Rechte, auch die des auszugsweisen Nachdrucks, der
fotomechanischen Wiedergabe und der Übersetzung, vorbehalten
Text: Martina Gorgas
Illustrationen: Elisabetta Ferrero
Umschlagdesign: dieBeamten.de / Anja Langenbacher und
Reinhard Raich
ISBN 978-3-473-55290-0

www.ravensburger.de

1 Stehmähne: E
2 Farmen: F
3 Kolostrum: R
4 Auge: E
5 Widerrist: D
6 Lipizzaner: L
7 Shire-Horse: I
8 Robusthaltung: G
9 Pellets: L
10 Satteldecke: S
11 Ausbildung: B
12 Islandpferde: N
13 Piaffe: P
14 Cavaletti: I

**Lösungswort: Lieblingspferd**